「しあわせ」組織行動論

これからを担う「勤《つと》め人《びと》」たちへ！

安田 直裕

目次

第2章　上司に「遠慮しない」……39

第3章　評価を「気にしない」……57

第4章　私が考える「自己実現」とは　……73

第5章　協調しない「勤《つと》め人《びと》」を大事にする　……89

はじめに

筆者は、日本経済が高度成長をした時代に育っています。物心ついてから大人の仲間入りしたのは、昭和30年〜40年代、西暦でいえば1950年代半ばごろから1970年代前半です。世の中には、新しい物が次から次へと生まれ、それらが生活の中に入り、物質的な恩恵を受けた時代です。物が豊かになることで、心も豊かになっていった時代でした。その牽引の担い手は親世代でしたから、筆者たちは労せずしてその恩恵にあずかるだけでした。つまり、特に何もせず、しあわせに浴することができたわけです。その後、社会人になるころには高度成長時代は終焉し、それでもしばらくは幾多の難局を乗り越えながら、ある程度の成長を維持できたのでした。

ところが、日本だけが独り勝ちすることを、パートナーの立場の米国が甘受するわけがありません。「ジャパン・バッシング（日本たたき）」が起きるなどし、結局は日本経済も、いわゆる「バブル」が弾けるとともに、それ以降30年ほどは低迷する道を歩み続けることになるわけです。当初「失われた10年」と言われたのが20年となり、ついには30年までにもなっています。「そのうち何とかなるだろう」、「誰かが『世直し』してくれるだろう」と、もたれあいが続いてしまったからでしょう。そして今は、日本全体に閉塞感《へいそくかん》※1が漂い、自己効力感※2までなくしかけている状況です。この「バブル」崩壊後の主役を任されたのは、まさに組織の中堅層になっていた筆者たちです。猛省を求められます。そして、このまま手をこまぬいていて良いわけがありません。

実は、筆者たちの世代は、若いころ「しらけ世代」※3と言われ、戦前教育を受けた親世代から、態度や振る舞いを厳しく非難されました。それは、あれやこれやと一端《いっぱし》のことを言うけれど、自分から進んでは何もしないという世代らしいのです。当事者意識が薄い、甘い安易な思考の世代なのでしょう。まさに「高度経済成長時代の寵児《ちょうじ》」で、それは商業ベースに踊らされて育っ

※1　閉塞感…先行きが不透明で、打開策が出ず、もがき苦しむ状態。

※2　自己効力感…「自分ならできる」と自分の可能性を信じられる状態。何事にもポジティブで積極的に挑戦する精神状態。

※3　しらけ世代…１９５０年～１９６４年（昭和25年～昭和39年）ごろの生まれで、過激な学生運動が鎮静化したあとに成人になった世代。無気力・無関心・無責任の「三無主義」が特徴であると言われた。

たからかもしれません。ハングリー精神は薄れ、我慢すること、耐えることを忘れた世代だったわけです。現実を「このままではいけない」と心の中では思いながら、「そのうち何とか、時間が解決してくれるだろう」と無気力、無責任に生きてきたと言えます。立派に正論を語ったとしても、それを行動に移さず、結果を出していない以上、「やはり『しらけ世代』は無力だった」と言われても、返す言葉がありません。

そんな世代の筆者が、これから組織を背負う皆さんに、現状に危機感を覚え「頑張ってほしい」と、本書でエールを送ることになります。「どの面《つら》下げて言うのだ！」と叱責をいただくに違いありません。誰も、負の遺産など引き受けたくないでしょう。おこがましいとは思いますが、どうかお許し願い、本書に記述する提言を真摯に受けとめ、実行に移していただきたいと切望します。筆者たちが実行できなかったのだから、理想論に過ぎないと言われるかもしれませんが、その内容自体は核心を突く正論であると自負しています。ぜひ皆さんには、本書内容の実践者、いや先導者になっていただきたいと思います。どうかよろしくお願いします。

本書は、日本の経済力や競争力の現状を憂い、「このままではダメになる」との危機感から、これから組織を背負う皆さんの「あってほしい姿」を提言しています。今後生産年齢人口が減少していくことを考えれば、経済力や競争力の低下に歯止めをかけ、増強させるためには、労働生産性[※4]の改善は必須です。そして、その労働生産性を上げるには、組織に関わる「勤《つと》め人《びと》」の「エンゲージメント[※5]」を高めることこそが、一番大切であると考えます。すなわち、組織の主役である「勤め人」の精神性がどうあるべきかを示し、組織での行動を果敢に変えることで成果が大きく違ってくると論述するわけです。

本書は、序章で、この30年余りの間に衰退した日本の現状を再認識し、その原因が何であるのかを筆者なりに考え、記述しています。第1章から第3章は、序章で捉えた課題を克服するためには、三つの「しない」を実践することが必須であること

※4　労働生産性…企業活動などにおいて、労働者1人あたり、または労働時間1時間あたりにどれほどの成果（付加価値額）を生み出しているかを測る指標のこと。

※5　エンゲージメント…自分の仕事に意義（働きがい）を感じて熱意を持って取り組み、「勤め先」組織を信頼し貢献したい気持ちのこと。仕事そのものに対してのポジティブな心情であり、組織に対しては、愛着や信頼を強く持っている状態である。

を強調します。これこそ筆者が一番に訴えたい、労働生産性の増強につなげる、「組織を強くし、皆がしあわせになる『行動の三原則』」です。そして、第４章から第６章では、課題（三つの「しない」）を改善したあとの、「勤め人」としての高い次元の「あってほしい姿」を提示し、それに向けたあくなき挑戦を啓発しています。さらに終章で、労働生産性を上げることは、究極において皆がしあわせを実感して働くことであり、両者に強い「正の相関」があることを述べて、締めくくります。

これからを担う皆さんに、筆者たちの無作為の「つけ」が回ることは、誠に忍びないことです。しかし、もうあとがありません。日本の凋落《ちょうらく》に歯止めをかけ、反転させる主役は、皆さん自身です。改めて、どうかよろしくお願いします。

なお本書は、一般の企業のみならず、自治体や団体などで働く人も対象にしています。よって、働く人のことをビジネスパーソンやサラリーマンなどとは呼ばず、「勤め人」と表現しています。また、「人《びと》」と訓読みで濁音にしたのは、組織の主役は

「人」であり、「旅人」や「尋ね人」や「天下人」などと同じ読み方です。そして対象者は、これから組織を背負う人たちで、主に「20代~30代」の年齢層です。「第二新卒」[※6]などでの（既）転職者を含め、「このままこの組織で、長期にわたり勤め上げよう」とする人を対象にしています。

また、脚注には用語などの解説を付しています。筆者なりにまとめたものです。そのまま引用したものもあります。その中でも、『新明解国語辞典第八版』から引用したものについては、すべて『新明解』と略して付してあります。

※6　第二新卒…新卒で入社してからおよそ3年以内で転職する社会人をいう。求人件数の伸び率は拡大傾向である（2024年12月時点）。

序章　このままで良いのか、私たちの国日本の凋落《ちょうらく》！

そもそも生産性低迷は、「エンゲージメント」の低さから

私たちの国日本は、バブル経済が弾けてからこの約30年、坂を滑り落ちるかのように国力を弱めています。バブル経済で異常に膨れ上がった債務や設備や雇用の削減に、国を挙げて取り組んだものの、今度はその反動がデフレ経済を招き、解決策に決め手を欠く状況が続いています。国が、そして国民が自己効力感を失くし、内向き志向になっています。横断的で抜本的な解決策が必要にもかかわらず、打つ手は弥縫策《びほうさく》※1に終始しています。目先の成果のみにこだわる、いわゆる「もぐらたたき」をそれぞれが勝手ばらばらにしている感じです。すべてがうまくかみ合わず、「労多くして効なし」といえる状況です。

その凋落《ちょうらく》ぶりを代表的なデータで見てみましょう。まずは国内総生産（ＧＤＰ）です。この30年余りで実質ＧＤＰ（ドル換

※1　弥縫…（失敗・欠点などをとりつくろって）一時的に間に合わせること。（『新明解』）

算）は1・2倍にしかならず、ほぼ変わっていません。そして、2023年にドイツに抜き返され、世界順位は4位に下がりました。ドイツは、人口が日本の約3分の2ですから、一人が生み出す付加価値額が日本よりずっと大きいということです。さらに日本の一人当たり名目GDPは、2000年の世界2位が2024年には39位まで順位を下げてしまっています。よって、世界GDPに占める割合が、30年前には16％ほどあったものが、4％（2023年）にまで低下しています。

また、スイスの国際経営開発研究所（IMD）の世界競争力2024年ランキングでは、67カ国・地域中38位で、そのうちビジネス効率性51位の影響が特に大きいということです。さらに、国連が報告する幸福度も2024年ランキングは143カ国中で51位、主要7カ国で最低です。このように、各種データは私たち日本の凋落ぶりを如実に表しているのです。悪い傾向を示す数字ばかりです。明るい希望が持てるデータや話題を探すのが難しい状況です。今やまさに、「低成長・低幸福の国」日本です。

その中でも、筆者が特に憂慮するアンケート結果があります。それは、子ども家庭庁が２０２３年に実施した調査で、「日本の将来は？」の問いに、「明るい」との回答が23％、「暗い」が61％という回答だったことです。対象者は13歳から29歳で、まさに日本のこれからを背負う人たちです。本人たちが、これほどまで悲観的に日本の将来を捉えているとは、さすが驚きです。主要国との比較でも最悪の回答結果です。もし、この調査の対象者たちが、自分事として危機意識を抱かず、傍観者であろうとすれば、何とも「平和な日本」と言わざるを得ません。もし本当にそうであるならば、いわゆる「ゆでガエル」状態が続き、その末路がどうなるかは明白です。

なぜ、日本が凋落の一途をたどるようになってしまったのか、その要因はいくつもあり、もちろん複合的でもあるでしょう。そのような中で、筆者は、労働生産性がどんどん低下していることが一番の要因であると考えています。

労働生産性を時間当たりでみると、米国の６割にも届いておらず、２０２３年では経済協力開発機構（ＯＥＣＤ）加盟38カ国中29位です。さらに、その要因もいくつか指摘されているわけですが、筆者は「勤《つと》め人《びと》」一人ひとりの仕事への熱意や職場への愛着、すなわち「エンゲージメント」の欠如が最大要因の一つであると考えます。米国の世論調査会社ギャラップ社（２０２４年版リポート）によれば、日本では、仕事に対して意欲的かつ積極的に取り組む、やる気のある人がわずか６％、一方でやる気のない人が7割ほど、さらには、周囲に不満を言っている人が2割余りもいるそうです。その６％という数字は、ＯＥＣＤで最下位です。ちなみに、米国は33％、世界平均は23％とのこと、日本の劣後がはなはだしい状況です。

そして、「エンゲージメント」が高い企業は、売上高や利益率など、財務的な結果がすべて高くなるという、まさに「正の相関」が実証されています。よって、労働生産性を上げるには、仕事への熱意や職場への愛着を持ったやる気のある「勤め人」が、一人でも多くいなければなりません。いや、組織全体がそうならなければいけないのです。

ではなぜ、「エンゲージメント」の低い状況が続いているのでしょうか。それは、日本人が本来持っているはずの精神性の弱体化、劣化、そして退化ではないかと考えます。これは、筆者が40年余りの間、組織で働き実際に体験して知見としたもの、すなわち実証研究とも言えるものに裏付けられた結論です。そして、二次情報ではあるものの、各種調査やアンケートの結果などを読み込み、また、関連する文献を参考にして、自分なりに確信を得た結論ということです。なお、この点については、拙著『「勤め人」意識改革論　日本を強くする働き方を取り戻せ！』で詳しく記述していますので、ぜひご参照ください。

それでは、日本の「勤め人」の心理と行動実態はどう変わったのでしょう。その一つ目が、「自分が正しいと思うことを貫き通さなくなった」ということです。すなわち、自分の考えを殺して、安易に周囲に合わせるようになってしまったのです。筆者が若いころは、自分の意見を曲げない上司や先輩がたくさんいて、職場で意見のぶつかり合いを頻繁に見かけました。自己の利益だけで言い張るのではなく、一人ひとりが組織のためを思ってのぶつかり合いでした。皆が信念を持ち、決して譲らない心意気のようなものを感じました。※2 この傾向は、文部科学省所管の「統計数理研究所」が、昭和28年から5年ごとに実施している「日本人の国民性」調査でも、しっかり読み取ることができます。

そして二つ目が、評価を意識して、**「一生懸命に頑張っているふりをしてしまう」**傾向が強くなったということです。そもそも日本人は、いわゆる「世間の目」を気にして、恥をかかないように行動をする強い傾向があります。そういう行動習慣が根っこにあるのに加え、家庭や学校や、はたまた勤めていても、ほめて育てる方が良いと強調されています。あえてほめられなくても、日本人は世間からの評判や評価を良くしようと自ずと行動するはずです。ほめられることが、仲間や周囲から認められることと同義語になり、「いいね！」とほめられないことにおびえるようにさえなります。仲間内では「承認欲求」をひたすら求め、そうされることが最優先の行動基準になってい

※2　この傾向…「世のしきたりと自分が正しいと思うこと（信念）とが相いれない場合、どちらに従って行動するか」との問いに、「押し通せ」が41％から20％に減り、「場合による」が19％から44％に増え、全く逆転（65年間）している。

るのではないでしょうか。そして職場では、評価を落とさまいと一生懸命に頑張っているふりをしてしまいます。「うその勤勉」をするのです。さらに、失敗をして評価を下げてはいけないと、新しいことに自ら挑戦をしなくなっています。個人のみならず、法人も、株主を始めとするステークホルダー[※3]からの評価に汲々《きゅうきゅう》としています。これも本質は、法人を操る経営陣である「人」の問題です。

三つ目は、「協調性が社会に出てからも最重要の性格スキルになっている」ことです。「協調性」については、学校では「皆と仲良く協力する」ことが求められ、企業などの採用時にも重要な資質項目にされます。そして、その後も人事評価（「情意評価[※4]」）で継続してチェックされ、一段と強化されるわけです。これも、集団からの逸脱行動を避ける習慣がある日本人にとっては、あえて必要としない性格スキルです。それが強化されることで、個々が自分の意見を言わなくなったり、悪い方向へ忖度が働いたり、「同調圧力[※5]」を招いたりして、組織が退廃していくことになります。

※3　ステークホルダー…その企業の経営に影響（含む間接的）を与える、あらゆる利害関係者のこと。経営者、株主、従業員、顧客、取引先、取引金融機関、行政、地域社会、各種団体、そして地球環境まで。

※4　情意評価…仕事への取り組み姿勢や態度などを評価すること。評価の項目は、協調性、積極性、規律性、責任感など。

※5　同調圧力…集団の中で、常にまわりと同じように考え、振る舞わなければなら

これら三つの心理と行動実態は、正しい方向に作用すれば良いものの、過度になり過ぎたことで悪い方向へ向かい、マイナスの影響を及ぼすようになっています。皆が賢く「聞き分けが良いお利口さん」になってしまい、「強い自己」をなくしているのではないでしょうか。自分を正直に表に出さないから、それぞれの場面で自分を演出せざるを得ず、ストレスは溜まるばかりです。そのために（1）周囲に「合わせない」、（2）上司に「遠慮しない」、（3）評価を「気にしない」の三つを指針にして、一人ひとりが先導役になって行動することが強く求められるのです。これこそ筆者が提唱する、「組織を強くし、皆がしあわせになる『行動の三原則』」です。今やそうしていかないと組織は活力をなくし、主役である一人ひとりの「エンゲージメント」は改善しない、つまりは労働生産性が上がらないと考えます。

ないと感じ、そのような行動をしないではいられない、逃れがたい雰囲気。（『新明解』）ところで、この言葉が辞典に載るようになったのは第七版（2012年）からである。

第1章　周囲に「合わせない」

周囲に惑わされない、確固たる信念を持つ

(1) 自分の心に正直になる

どんな場面でも、常に自分の意見を持つようにしましょう。そして、熟考しても意見がまとまらないときには、「まだよく分からない」と正直に言うようにしましょう。場の空気を読んで、「同調圧力」に屈し、安易に「私もそう思います」とは決して言わないことです。そして、組織の一員として一番いけないことは、何も考えないで大勢《たいせい》に従ってしまう無責任な行動です。さらには、「意見を言ったところで、すでに結論は決まっている。発言してもしょうがない」と勝手に思い込むことです。経験が浅いからといって、卑下することなく、たじろぐことなく、おかしいと思えば「納得がいきません」と正直に言い、対案を示せば良いのです。組織の色に染まっていないことが、問題の核心をつく意見になり、周囲に気づきのきっかけを与える

かもしれません。もし対案が浮かばなくても、納得できない点や不明な点を明かにすることが大切です。

ところで、ＳＮＳの「友だちグループ」などでは、仲間外れにされたくないから、空気を読んで「とがらない意見」を言ってしまいがちです。また、攻撃の矢面に立たされたくないから、誰もが考えるのであろう無難な意見を言ってしまいます。そして、オフィシャルな場面で発言を求められれば、どちらともとれる、汎用な特徴を織り込んだ優等生的な発言をしてしまいます。それは、一見スマートで「なるほど」と思わせるものの、内容をよく吟味すると全く中身のない意見の例です。老成した考えより、若いなりの粗削りな考えの方が自然であり、素晴らしと思います。浅学なコンサルタントやコメンテーターが使う、「バーナム効果」[※1]を狙う便法だけは真似しないでほしいと思います。朴訥《ぼくとつ》だとしても、自分なりに考えた正直な意見を、どのような場面であっても、物おじせず堂々と発言することにしましょう。顔が違うように、考えが違っても何もおかしいことではありません。自分の言動が、相手に響かなくても、誰からも

※1　バーナム効果…誰にでも当てはまるような一般的な内容でも、自分にこそピッタリ当てはまっていると錯覚してしまう心理現象のこと。

共感が得られないとしても、自分の心に正直に振る舞おうではありませんか。社会のルールの中で、ありのままの正直な自分を恥ずかしがらずに表出させましょう。

心理学で「スポットライト効果」という言葉があります。それは、「実際以上に、他人が自分に注目している」と勘違いしてしまう効果（「バイアス」[※2]）のことを言うそうです。他人は、皆さんが思うほどに皆さんのことを見ていませんし、自分に利害が及ばなければ、皆さんが言ったことなど、忘れてしまうものなのです。もちろん、無責任な言動が許されることではありませんから、真摯な態度でいなければいけません。よって、自分にスポットライトが当てられているのではないかと自意識過剰にならず、常に自然体を貫くことにしましょう。「他人がどう思うか」を基準にした言動は、もうやめにすることにしましょう。

※2　バイアス…思い込み。先入観。意識の偏向。（「新明解」）
　バイアスには、様々な種類がある。非合理的な判断をしてしまう危険があり、要注意である。

（2）「独り違う意見を言う」心意気を持つ

一つの議題に対して、「ワイワイガヤガヤ」と議論百出する組織は、強い組織です。職位などを気にせず、だれもが何でも言えることは、新しい発想が生まれる原点です。そのためにも普段から、「勤め先」企業の成長・発展に何が課題かを自分事として考える習慣を付けていなければいけません。すべての分野を網羅的に考えることが無理であるならば、経験した分野や現在携わっている分野を主体に、類推して考えることになります。そして、「だれも考えも及ばない」ことを考えることも楽しいものです。習得した知見の範囲で、いわゆる奇想天外なものも含めて、常に何案も腹案を持つようにしていたいものです。

一方で、参加者が貝のように口を閉ざしたまま、積極的に発言をしない会議もあります。進行役が促すも、「だんまり」を決め込む会議です。何か強い圧力がかかっていると思わざるを得ません。発言があったとしても、そこに「同調圧力」が働いて、同じような意見しか出ず、「異議なし」の満場一致で、その意見に集約されてしまいます。そのようなときに、一人が違う意見を言うと、場の空気が一変し、「実は私も」と別の意見がどんどん出てくるものです。そのような経験はないでしょうか。さらに、強い立場の人や圧力を感じさせる人の意見が主流になり、そちらの方向へ結論が向かいそうなとき、反対意見が出ず、「このままではまずい」と思ったことはありませんか。そういうときに勇気を出して、「こういう考えがあってもおかしくないのでは」と違う意見を言ってみることです。しっかり考えた上であるなら、奇想天外と思われるものでも良いのではないでしょうか。一瞬、独り宙に浮いて孤立してしまうかもしれませんが、それが突破口に議論が深まり、「意思決定の失敗」を回避するきっかけになるはずです。「集団浅慮《せんりょ》」[※3]の回避です。一人でも「同調圧力」に屈しない人がいれば、他の人も自分に正直な意見が言いやすくなり、そしてそういう人が増えていけば、集団の圧力に対抗する力になっていくのです。

一番良くない例は、いわゆる「声の大きい」人物が、状況把

※3　集団浅慮…集団で合意を形成する際に、個人レベルで考えた内容よりも質が劣り、好ましくない、不合理な結論を導き出してしまうこと。反対意見が言いにくい集団の場合に起こりやすい。

握も不十分で、費用対効果も度外視して思いつきで発言し、その意見が通りそうになることです。あとになって、「あれは誰の意見だ？」と犯人捜しの対象になることが多い、失敗事例です。このとき絶対に、「またいつものことだ、言ってもしょうがない」と決め込まないことです。流れがそちらの方向へ行き始めると、それを阻止することはかなり難しい状況になってしまいます。「これはまずい」と察知したら、手遅れにならないよう「場」に熟考を求めなければなりません。

そういうとき、流れを食い止め、相手を圧倒して軌道修正をするには、負かされないで説得する、論理的に話す技術とディベート力が必須になります。これから組織を背負う皆さんには、すでに習得済みだとは思いますが、ぜひともそういうスキルをレベルアップしていってほしいと思います。小さいころから揉まれて、言い争いに強い人もいますが、これからは「論理的な話し方」を基本スキルとして習得しておくと良いでしょう。鍛錬すれば、必ず身に付く技術です。あとは場数を踏んで、そのスキルをブラッシュアップしてください。自分が正しいと思う意見が言い負かされることがないよう、周囲を説得する力をぜひ会得してください。

大事なことは、お互いが「組織を強く、良くしよう」と思う同じ土俵で、相手をリスペクト（敬意を示す）し、意見をぶつけ合うということです。そのためにも、大勢《たいせい》に流され、埋没しないようにしましょう。

筆者が勤めていたころは、上意下達で「上《うえ》」からの指示・命令に意見することなく素直に従っていれば、まだそれで良かった時代でした。しかしこれからは、そういう態度ではいけません。成功体験などにとらわれない新しい発想が求められます。皆さんには、仕事への熱意や職場への愛着、すなわち「エンゲージメント」を高めて、自由闊達に意見を言うことが求められるのです。今までとは違う意見、独り違う意見を言う心意気を、組織の成長・発展のために、ぜひとも培いましょう。「案ずるより産むが易し」で、会議などの場で、まずは手を挙げてためらうことなく発言してみることです。そうすれば、それに続き、別の意見が出てくるはずです。意見が他人と違うこと、同じでないことを喜び、誇りに思いましょう。きっと、「勤め先」企業を成長・発展させる、今までにない特異な結論が生まれることでしょう。

(3)「断る力」を付ける

プライベートな場合、自分のスケジュールがしっかり管理されていれば、友人などからの誘いに対して、例えば「その日はダメだけど、この日なら……」と対案を示して、申し出を断ることができるのではないでしょうか。仕事の場面でも、重要度と緊急度を十分に検討したスケジュール管理ができていれば、たとえ顧客からにせよ、「今日は無理です……」、「今からは難しいです……」と言って、こちらの意思表示はできるはずです。上司からの指示・命令に対しても同様でしょう。いわゆる、自分というものがしっかりしていないから、断りの言葉が発せられないのだと思います。気が弱い人であっても、まずはスケジュールを周到に立てて管理すれば、無理な申し出を断れると思います。「断る力」を付けて、自分を見失わないように、振り回されないようにしなければいけません。もちろん、うそやごまかしで断っていては、必ずあとで見つかりますから用心です。その場を取り繕う、うそやごまかしは絶対に禁物ですが、しっかりと意思表示をしなければいけません。

経営戦略論などでも、重要度と緊急度を2軸にしたマトリックス図[※4]で優先順位を付けよ、と教えられます。重要かつ緊急なものから、重要でも緊急でもないものまでを大きく4つのゾーンに分類するのです。そうすることで、申し出があった用件も順番の見極めが付くはずです。「行き当たりばったり」で、計画性なく成りゆき任せの仕事ぶりでは、ムダをつくってしまい、生産性が上がるはずがありません。あれもこれも、やればやるほど業績が上がっていった時代ではなくなった今、やらないことや、やれないことの判断は、ますます大切になっています。「昔から続けていることなので…」では、話になりません。

「断る力」を付けておくことは、将来昇進して、組織の経営

※4 マトリックス図…分析したい2項目で縦軸と横軸の座標軸をつくり、そこに複数の要素を配置して関係性を明解にする図表のこと。

戦略などを策定する立場（上層部）になったときの判断力になると思います。日常の身近な作業が、立派な「能力開発」になるのです。「やらなくても良い仕事」を見付ける、まさに「リエンジニアリング」[※5]の予行演習です。

上司や同僚など、組織内の関係者からの依頼や申し出を断るには、勇気がいります。相手にいやな思いをさせたくない心理が働き、自分の評価や評判も気になるからでしょう。こちらの依頼や申し出を受け入れてもらうために、恩を売っておきたい打算も脳裏をかすめます。いずれにせよ、築かれた人間関係にひびが入り、後々までギクシャクしたくはありません。また、断ったことで、仲間外れにされたり、不評を買い評判を落としたくありません。しかし、周囲に合わせ、信念を曲げたり、主義主張を変えたり、「自分が描く理想」の遂行を狂わせてはいけません。そんなときのために、相手を尊敬しながら説得し、自分の意思を主張する「アサーションスキル」[※6]を身に付けておくことが重要です。人間関係を壊さない会話術であり、相手も

※5　リエンジニアリング…環境変化に対応できるよう、業務プロセスや組織戦略をゼロから見直し、新しい形にする経営施策のこと。

※6　アサーションスキル…良好な人間関係をなくさないよう、相手を配慮して自分の

自分も納得し満足できる自己主張です。日本人が不得手なスキルでしょうから、あえて習得する訓練が必須だと考えます。

「断わる」ことは、「捨てる」こととほぼ同じ行動だと思います。人生においても、「集める」ことは簡単でも、「捨てる」ことには勇気とパワーが必要になります。捨てるべき物に、思い入れが強いと難儀します。一方で、捨ててしまうと、そのあとは意外とスッキリ穏やかな気分でいられるものです。「断わる」ときも同じで、相手がどう思うかを過剰に気遣ってしまうと難儀してしまいます。

しかし、断ったあとに、吹っ切れない不安な気持ちが残っていてはいけません。自分の意思で断った以上、あれこれとあとで考えていてはいけないのです。そうならないためには、普段から自分なりに「ブレない」基準をつくり、行動をシビアに仕分ける必要があります。いずれにしても、あれもこれもやってはいけない時代です。やらなければいけないことに集中するために、ぜひ「断わる」力を付けましょう。

考えを主張する（assert）会話術のこと。

(4)「嫌われる勇気」を持つ

すべての人を好きになることは、程度の差こそあれ、なかなか難しいと思います。どう努力しても、好きになれない人はいます。それと同じで、自分自身もすべての人から好かれることはあり得ません。分け隔てなく人と付き合える穏やかで優しい人はいますが、誰からも好かれ、誰をも好きになることは、聖人君子ならまだしも、誰もできないと思います。それでも、誰からも嫌われたくないと無理をしてしまいます。一人でも多くの人に、自分を殺して合わせようとします。特に仕事では、いやな思いをして働きたくないからでしょうし、案件をスムーズに進めるために味方を多く増やしたいからでしょう。打算的かもしれませんが、人間関係を取り繕ってしまいます。

しかしそういう態度は、一貫性がなく、多重人格に見られ、かえってすべての人から信用をなくしてしまう危険もあります。「八方美人」だったり、「二枚舌」と言われたりして、信用をなくします。組織の中の人間関係は、上司と部下であれ、同僚との間であれ、信頼関係がなくなれば、お互いの懐疑心から一枚岩でなくなっていきます。そうなれば、組織はどんどん弱くなっていくのは明白です。他者に合わせるため、好かれるために生きているのではないのです。「自分は自分」という軸を常に中心に据えて、「他人がどう思うか」ということを基準にしないことです。

これに関しては、40余年の「勤め人」経験から、次のような考え方を強くしています。それは、「嫌われる勇気」を持った方が、結果として多くの人から好かれることになるということです。その理由は、「嫌われても構わない」と思って行動している人物の方が、好かれようと擦り寄ってくる人物に比べ、いざというときに頼りになった経験が何度かあるからです。いざというときに頼りになるかならないかほど、その人物の真価が問われることはありません。嫌われても構わないと思って行動する人物は、自分が強いからゆえにとれる行動の「証《あかし》」と考えられます。論語の中に、「巧言令色鮮なし仁《こうげんれいしょくすくなしじん》」[※7]という言葉がありますが、まさにその通りです。

いずれにせよ、皆に嫌われまいと思うと、行動にブレが生じ優柔不断になります。皆さん自身のブレない哲学みたいなものを、今から持つようにしてほしいと思います。それは、今の日本人がなくしかけている「気骨」[※8]ある生き方です。もちろん、自分だけが常に正しいとする「独善家」とは違いますし、また「一刻《いっこく》」[※9]とも違います。

ところで、普段の人間関係において、嫌われる人とはどういう態度をとる人でしょうか。感情に左右されるだけに、人それぞれに様々だと思います。筆者の場合は、威圧的な態度をとる人、間違いを認めずに言い張る人、善人ぶる人、言い訳が多い人、口が軽い人などです。これらは、自分自身が絶対にそうしないよう、気を付けている態度です。自分がそうされると、憤りさえ覚える態度なのです。そして、それ以外なら「嫌われても良い」と思って、堂々と行動しているつもりです。要は、「自

※7　巧言令色鮮なし仁…飾りすぎた言葉、とりつくろった表情、そういうものを操る人間には仁（真の思いやり）が少ない。（井波律子著『故事成句でたどる楽しい中国史』）

※8　気骨…どんな障害にも屈服しないで、自分の信念を押し通そうとする強い気持。（『新明解』）

※9　一刻…がんこで、人の言うことを聞き入れない様子。（『新明解』）

分の基準」をつくり、絶対にとらない態度を決めて、振る舞っているのです。それを決めるのは、あくまで自分が主体です。決して周囲に合わせていないし、振り回されていないのです。

そして組織には、残念ながら、自分と全く相性が合わない人がいます。そういう人とは、無理に合わそうとしないことです。付かず離れずの関係で良いのではないでしょうか。いわゆる「ビジネスライク」に付き合うということです。相手をリスペクト（敬意を示す）したうえで、「嫌われる勇気」を持って、言うべきことや言いたいことを堂々と言うようにしましょう。合わせようとする態度が、逆に「ギクシャク感」を増やし、ますます疲れてしまいます。

人間は、脊椎動物で背骨があります。にもかかわらず、「背骨が通っている」人物という表現があります。ふらふらしない、どっしりと構えた人物のことを言うのです。そういう生き方をすれば、少しぐらい嫌われてもビクともしなくなります。全員に好かれる必要など全くありませんし、ありえないことです。一人ひとりが「周囲に合わせ過ぎない」行動が肝要です。

第2章　上司に「遠慮しない」

上司と部下は対等の立場。部下は上司の私有物ではない

（1）「自分に任せてほしい」と申し出る

「今どきの若者は、指示待ちである」と言われています。さらに、「やり方をこちらから、事細かに教えてやらないと何にもできない」と厳しく言われます。なぜそのように指摘されてしまうのでしょう。筆者たちが社会人になったころも、「指示待ち人間」が少しずつ増えてきたと非難された憶えがありますから、大それたことは言えませんが、次のようなことが原因だろうと考えます。

物が十分になく家族や兄弟も多かった時代は、与えられるのを待っていては欲しいものも得られなかったでしょうし、遊び道具なども自分たちで工夫してつくり、日が暮れるまで大人数で外遊びするのが普通だったのでした。一方少子化で、過保護・

過干渉になると、親たちのやさしさもあり、個室で恵まれて育っていくことになります。さらに、一部ではあるものの、幼いころから受験に揉まれ、与えられた問題を正確に答える術《すべ》だけを覚えればよく、自ら疑問を見つけて苦心してそれを解いていく勉強をしなくなっているのではないでしょうか。まだほかにも原因はあるのでしょうが、自分から求めなくても、欲しいものを周囲が与えてくれる、恵まれた環境に育ったのだと考えられます。自らが進んで、ガツガツ求める必要はないのです。もちろん、皆さん自身が悪いからではないと弁護しますが、いつの時代に生まれ育ち、そして、どういう方針の教育を受けたかによって、価値観や考え方は違ってくると言えそうです。

しかし、それではいけません。もはや、指示待ちではいけない時代になっているのです。日々の業務の中で、自ら進んで「その仕事は私にやらせてほしい。任せてほしい」と上司や先輩に言うようにならなければいけないのです。もちろん、プロとして甘えは禁物ですから、入念に準備をして挑戦しなければいけません。さらには組織を見直して、この分野を強化しなければいけないとか、新たに立ち上げるべきだと思ったなら、「ぜひ自分に関わらせてほしい」と言わなければいけません。苦労を重ねて、事を成就させることは、必ずや知恵となって自分の財産になります。一生懸命に取り組むものの失敗したとしても、さらにそれを乗り越えていくことで一皮も二皮もむけ、「レジリエンス」[※1]が備わり、将来の成長につながっていきます。失敗したり、叱られたりして反省し、再チャレンジすることで、「心の耐性」ができ、たくましくなります。

人は任されることでモチベーションが高まり、好パフォーマンスを生むと言われます。よって、「なかなか任せてもらえない」という前に、自らが積極的に、「私にやらせてほしい、任せてほしい」と手を挙げることです。機会あるごとにこちらから申し出る、積極的な態度が大切です。上意下達型の仕組みを覆し、また繁忙な管理職の業務負担を軽減する観点からも、どんどん申し出ることです。そういう経験の蓄積を通じ、自分が管理職（上司）に就いたときの「部下に任せる判断」の基準と

※1　レジリエンス…逆境から立ち直り、成長へとつなげる柔軟な力。困難や危機を巧みに乗り越えて、回復する不屈の力。復元力。

いうものが習得できることにもなります。どこまでなら部下に任せられるか、任せるとしたら、事前にどうアドバイスしたら良いかなどが、自らが体験して習得できるのです。

こうして、組織全体に好循環が生まれ、組織は活性化していきます。そして、組織に、皆がチャレンジする風土ができ上っていくはずです。ただし、任されたときに、「細かくていねいにやり方を教えてくれない」と言って、できない理由を並べるようでは本末転倒です。そのような態度では、どこへ行ってもキャリアアップなどできるはずがありません。皆が「私に任せてほしい」と申し出ることが、社風にまで昇華すれば、本当に素晴らしいことです。「まだ君には早い、無理だ」と言われることがあるかもしれませんが、「勤め先」企業を、皆さんが嫌う「ゆるい職場」※2にしたくないならば、自分自身が受け身にならないことです。「任せてもらう」ことは、取りも直さず、皆さんが熱望する「能力開発」の何物でもないということです。

※2　ゆるい職場…若者の期待や実際の能力に対して、仕事の質的な負荷や成長機会が著しく乏しい、「ホワイト過ぎる」職場。

（2）「お言葉を返すようですが」と反論する

上司の判断に間違い（判断ミス）があったとしても、「感情の動物」である人間がすることですから、決して不思議ではありません。そのときに、部下がそれを看過ごしたり、イエスマン[※3]の態度をとることこそ、避けなければなりません。はっきりと「それはよろしくないと思います」と言わなければいけません。また、間違っていなくても、組織の成長・発展のためにより効果のある対案があれば、上司の考えに異論を唱えることが求められます。自分の人事評価者である上司に、物申すことは勇気がいりますが、組織のためを思う気持ちを忘れずに、仕事と向かい合わねばなりません。

そういう部下がいる組織は、成長・発展していく組織だと思います。当初は人間関係がギクシャクするかもしれませんが、個々のそういう態度や行動が組織風土にまでなっていけば、組織の強みになります。立場（職位）は上司の方が上位でしょう

※3　イエスマン…はっきりとした自分の考えを持たず（へつらうために）他人の言う事に無批判に従う人。（『新明解』）

が、組織の成長・発展を願う熱情は、部下である皆さんの方が上位であるかもしれません。そして、日ごろからコミュニケーションを活発にして信頼関係を築くことと、上位者に対するリスペクト（敬意を示す）は忘れないようにしましょう。しかしやはり、ホンネで雑談もできる、日ごろの人間関係が何よりも大事になります。それこそ要諦になると考えますが、いかがでしょうか。

上司からすれば、自分が出す指示・命令に文句を言わず、素直に従う部下の方がそうでない部下よりかわいいかもしれません。反論してくる部下は煩わしいに違いありません。しかし、反論や進言する部下は組織の成長・発展を考えているからこその行動ですから、上司は真剣に耳を傾けなければいけません。そして上司の側には、反論や進言が出ないよう緊張感が生まれ、指示・命令の的確さが求められます。そして、限られた時間と経営資源（ヒト・モノ・カネ・情報）を効果的に使うために、上司には仕事を仕分けする能力、すなわちマネジメント力がますます必要となります。ムダを排除する観点から、特に「何をしないか」を判別しなければなりません。部下にムダな仕事をやらせてしまい、疲弊させるようなことがあってはいけません。それでは管理職失格です。

いずれにしてもこれからは、イエスマンが「増殖」し、そういう資質の「勤《つと》め人《びと》」が昇格・昇進していく組織は衰退していくことでしょう。上司と部下が、同じ土俵で「しのぎを削る」くらいの組織でなければいけません。もちろんそこには、お互いの人格尊重がなくてはなりませんし、決して「逆パワハラ」などがあってはいけません。もし上司の能力で、欠点と思われるものを見つけたら、それをぜひ「反面教師」[※4]にしてください。そして、自分がその立場になったときに、そうならないよう努力してください。寛容で懐の深さを備えた、上司と部下の関係を保持したいものです。何でも言い合える上司と部下の関係をぜひつくっていってください。お互いが理解に努め、信頼し合える関係にすれば、「エンゲージメント」は高まり、業績は間違いなく向上するはずです。

※4　反面教師…そうなってはならないと悟らせてくれる、反省の材料となる他人の言動や事例を意味する。

（3）「やり過ごす」判断力を備える

先述したように、上司からの指示・命令は、残念ながら、常に的確であるというわけではありません。些末で無駄と思えるものもあるでしょう。そして、「マイクロマネジメント（過剰な管理）」も生じます。上司は不安から、あれもこれもと指示・命令を発してしまうこともあれば、進捗状況をつぶさに把握したい心理にもかられます。部下は、そのオーダーを従順に、まともに受けていては大変です。重要度と緊急度を2軸にして、指示・命令に優先順位をつける必要があります。オーダーを仕分けることは、自分が管理職（上司）になったときの判別力を養成する良い機会になります。

優先順位を付けて、重要度と緊急度が高いものから処理していくことが大事です。特に緊急度が低いものは、時間経過とともに重要度も低下し、「今さら、もうやらなくても良い項目」になるケースが多いものです。そもそもが重要でない事柄だったのでしょう。そして、すべての指示・命令を従順にこなす部下は、一見「優秀な部下」に思えるでしょうが、組織の経営資源の費消からすれば、決して優秀とは言えないかもしれません。これまでの「優秀な部下」が、「優秀でない部下」になる時代が到来しそうです。「要領がいい奴《やつ》」とは、あまり良い意味では使われませんが、真に「要領がいい奴」になることが求められそうです。つまり、辞書によれば、「むだ無く、やってのける。手ぎわがいい」という意味の「要領」です。良い意味で「手抜きをする」、巧妙なスキルもこれから必要かもしれません。

指示・命令の良否を判別する能力は、将来の優秀な管理職（上司）の要素につながると考えられます。それは、上司の立場になったときに、部下を疲弊させるムダな指示・命令を発出しなくなるからです。一方で、今までの「優秀な部下」が上司になると大変です。自分自身ができたことは部下もできるものだと思い込み、過重な指示・命令をしてしまうからです。加えて、自分自身がやれたことを部下ができないのは、「やる気がない」

からだと、精神論が頭をもたげ、厳しい叱責、ひいてはパワハラにつながる指導になっていく危険をはらみます。

やり過ごす判断力とは、「手を抜く」とか「ズルをする」ということではなく、あれもこれもと指示・命令されることに対しての賢い仕分け術のことです。「すべてをやらなければいけませんか」と訊《き》けば、このタイプの上司は「もちろんだ」と言うに決まっています。よって、絶対に訊いてはいけません。独り黙って優先順位をつけて、指示・命令を仕分けするのです。もちろん判断を間違えば、失態となって叱責を受けます。勇気と覚悟を決めて行う、極めてハイレベルな技能です。よって、終始だんまりを決め込み、問われて初めて、「やれてません」とか「やりませんでした」と淡々と報告することになります。筆者もこの方法で、優先度が高い重要事項に資源を「傾斜配分[※5]」して、上司の「マイクロマネジメント」を少しは賢く排除したつもりでいます。

人間は、「パーキンソンの法則[※6]」が言うように、時間があれ

※5　傾斜配分…労力などの資源を均等に配分するのではなく、重要度などに応じて割り当てる量を決めて配分すること。

※6　パーキンソンの法則…

ばあるようにムダな仕事をつくってしまいます。あるいは、時間調整、つまりは間延びをさせて仕事をしてしまいます。生産性を上げるには、限られた時間、時間制限の中でいかに濃密な仕事ができるかです。もちろん、長期的な視点で成就させる重要な仕事については、すぐに成果は出ないので綿密な進捗管理が必要になります。皆さんはこの点を十分に理解していると思います。時間は無制限にあるわけではありません。評価を上げようとして、あれもこれも一生懸命に頑張るふりをする、「うその勤勉」だけはしないようにしてください。

そして、「やらなくても良い仕事」を少しでも多く見つけることが肝要になってきます。それこそ「リエンジニアリング」を実践練習するということです。この経験を積めば、管理職（上司）になったとき、方針は決めてあとは部下の主体性に任せる「マクロマネジメント」を推進することができるようになることでしょう。そうすれば、部下が生き生きすること請け合いです。

人は時間やお金といった資源を、あればあるだけ使ってしまい、なければないようにやりくり（工夫、努力）する。英国の政治学者C・N・パーキンソン（1909～1993）が説いた法則。

(4) 有事には「命令違反も辞さない覚悟」を持つ

筆者の世代もすでにそうでしたが、多くの皆さんは厳しい受験勉強に耐えて育ってきたことと思います。制限時間内に一問でも多く正解できるかどうかを競い合う勉強です。合格点を取るための解法があり、正解に導くテクニックも教えられたことだと思います。現実に世の中は、その時々で正解が違ってもおかしくないのですが、いろいろな答えが正解になってはいけない試験です。その試験に受かるための勉強を一生懸命にしてきたわけです。それに加えて、デジタル化の中で生まれて、育っています。筆者たちのころのアナログ社会とは違い、簡単に、かつ明解に答えを引き出せるのです。あれやこれやと、苦労して答えを探り出すことはないわけです。

何度も言うように、今までは、指示・命令に素直に従い、決まりを逸脱せずに業務を遂行する部下が極めて優秀だと評価されました。上司からすれば、安心して仕事を任せられる部下ということになります。問題もなく、右肩上がりで業績が推移するときは、そういう部下が一人でも多くいれば組織は安定します。ところが、業績不振が続き、経営が危機に陥ったときなどは、それとは違うタイプの部下が体制を変革し、業績も反転させてくれます。それは、「企業経営史」が実例を数多く示してくれています。

　異常時、ましてや組織の有事には、指示・命令に従順で前例主義を踏襲していては、逆に損出を大きくしてしまうことでしょう。時代は大きく変化していますから、過去の成功体験をいつまでも踏襲していてはいけません。特に今は、「ＶＵＣＡ[※7]（ブーカ）の時代」だと言われます。想定外のことが発生し、予測が難しい時代です。今までのやり方は通用しなくなるとも言われます。

　そして、いわゆるマニュアルなどは平常時の基準に過ぎず、これからは、状況に合わせた瞬時の判断ができないようではいけません。もちろん危機マニュアルの類も、[※8]屋上屋《ふくじょうおく》を架すように多数そろえられているはずです。そこには、想定外の事態発

※7　ＶＵＣＡ（ブーカ）…Volatility（変動性）Uncertainty（不確実性）Complexity（複雑性）Ambiguity（曖昧性）という4つのキーワードの頭文字を取った言葉。想定外のことが発生する、将来予測が困難な状態を指す。

※8　屋上屋を架す…すでに備わっているのに、さらに同

生を考え、とるべき行動指針がきめ細かく策定されていることでしょう。しかし、記載された内容と違う行動をとらなければいけないケースは十分に考えられます。記載の通りに対応したら、かえって甚大な損出を生じさせてしまうケースです。「マニュアルに載っていませんでした」では言語道断です。有事には命令違反さえ辞さない事態も起こり得ることを想定し、緊張感を持って日常の業務をしていきたいものです。

そもそも命令違反は、組織倫理上は不正な行為です。とはいえ、指示・命令が組織に大打撃を与えるケースも想定されます。協議している時間的な余裕があれば、指示・命令を変更すれば良いのでしょうが、瞬時に判断しなければならないケースも出てきます。そういう、あとがない危機時に、「私が良いと言うのだから良いのだ！」と全責任を負って、マニュアルとは違う対応、そして、命令違反も辞さない覚悟を備えた管理職（上司）になってほしいと思います。ぜひ「平《ひら》」時代から、組織の成長・発展のためなら「上《うえ》」に対して「物申す」覚悟と心意気を養成しておいてください。

じようなものをつくり、無益な結果になること。

筆者が若手（渉外担当者）のころの話で、重要な取引先への対応での出来事です。業務を指示・命令どおり行ったにもかかわらず、それが逆に、上司から叱責を受けたのです。「指示・命令どおりに行いました」との報告に対し、「ばか者！なぜ臨機応変に対応できなかったのだ！」との叱責です。それは、その取引先からの依頼事項に対し、居合わせた他社が当初の予想とは全く違って応諾の返答をしたのです。そうであるならば、こちらもその状況を見て、同じように応諾（即答）しなければならなかった事案です。取引が競合するだけに、その返答は当社に対する取引先の心証を下げてしまったのです。あとから修正し、依頼事項を応諾することになったのですが、すでに「後の祭り」で、効果は半減以下です。私自身もその時、機転を利かせてそうすべきだと思っただけに後悔します。指示・命令を従順に守ること（御身大切）が大事か、取引を深め拡大させることが狙いなのか、瞬時の判断が求められたのです。経験浅く世間に揉まれていない筆者には、致し方ない対応だったのです。

苦い経験の一つです。

そしてはるか以前、戦時下での出来事です。多数の犠牲者が予想される作戦（指示・命令）を、指揮官が独断で変更し、兵士を無駄死にさせず、軍隊を存続させた話があります。ギリギリのところでの、それこそ命を懸けた勇気ある決断（命令違反）だったのです。また一方で、組織の不祥事については、いつまでもあとを絶ちません。部下たちが、それを当然だとして、指示・命令に盲従してしまう（せざるを得ない）ことから起きています。社会の規範よりも、組織内のルールが「正義」と思い込んでしまうからでしょう。勘違いもはなはだしい事案です。両者から、命令違反をする英断の大事さが分かります。大局的に捉えて、「ここ一番、何を守らなければいけないのか」ということを論理の起点にして、物事を判断しなければならないということです。

第3章　評価を「気にしない」

「他」からの評価ではなく、自分で自分を「絶対評価」する

(1)「ほめられたい願望(承認欲求)」を捨てる

マズロー[※1]の「欲求階層説」の「承認欲求」は、豊かで安定した社会生活を送れるようになった段階で、人が求める高い次元の欲求です。筆者は、そう解釈しています。誰もが、仲間や関わる組織、そして世間の人々からほめられる、すなわち承認されるとうれしいものです。ほめられればモチベーションが上がり、もっと頑張ろうと意欲が湧いてきます。自分が成し遂げた仕事がほめられ、認められれば、自信がついてさらに高みを目指そうとします。

ところが、「ほめられたい願望(承認欲求)」というものは、「諸刃《もろは》の剣《つるぎ》[※2]」になってしまうことがあります。成し遂げた結果として評価されれば良いのですが、評価されることが目的に

※1 A・H・マズロー…米国の心理学者、1908～1970。「人間性心理学」の生みの親。なお、「欲求階層説」の最初は「生理的欲求」、そして「安全欲求」、「社会的欲求」と続き、四番目は「承認欲求(自尊欲求)」、そして最後に「自己実現欲求」と階層的に高まっていく。

※2 諸刃の剣…一方では非常に高い効果を発揮するが、他方では大きな害を与える危

なってしまうと呪縛《じゅばく》にはまる危険性があるということです。ほめられることを目的に行動すると、評価が気になって自由闊達さをなくし、失敗を恐れるようになってしまいます。そして、常にほめられなければという思いが強くなり過ぎると、ほめられない行動は、重要だと思ったとしても、しなくなってしまいます。さらには、気に入られようとして、周囲の目、「勤《つと》め人《びと》」であれば上司の評価を気にし、こびへつらうこともしてしまいがちです。

　このことは、心理学者E・L・デシ（1942〜）も実証研究で明らかにしています。内発的な動機で頑張っている人に、外発的な動機付けをすると、かえって意欲を下げてしまうという「アンダーマイニング効果」※3です。生き生きとした絵を描いていた子供をほめたばかりに、そのあとその子はほめられようとして、前のようにのびのびと絵を描けなくなってしまった、という例があります。また、趣味で楽しんでいたことを職業にすると、評価され続けることがプレッシャーになり、好パフォーマンスを発揮できなくなるという事例も、これと同じでしょう。

険（リスク）もあること。相手を切るが、自分も切ってしまうことの例え。

※3　アンダーマイニング効果…内発的動機付けによって行動していた人に、外発的動機付けを加えたことで、かえってモチベーション（やる気）を低下させてしまう心理現象のこと。

ほめるという外発的な動機付けは、一時《いっとき》のモチベーションアップには有効ですが、「エンゲージメント」の向上にはつながらないということです。

評価を気にすれば、人間誰しもほめられる仕事に注力し、ほめられない仕事は進んでしなくなります。そして残念なことに、今の経営は、近視眼的で短期思考になりがちな傾向です。目先の成果を優先してしまいます。時間を十分かけて成果につなげる設備投資や人的投資とかをなおざりにしています。さらには、失敗を恐れて挑戦しなくなり、成長の歩みを止めてしまっています。これでは生産性が低迷し続けるはずです。そんな傾向であるからこそ、目先のほめられることは「そこそこ」にして、組織の成長・発展のために、長期的に何をしたら良いのかを皆でしっかり考え、判断しなければなりません。ほめられないことを敢行する態度こそが必要です。「無用の用」[※4]と言われるように、今は評価されないことが、将来非常に役立つことになるかもしれないのです。今本当にやっておくべきことを見極め、すぐに評価されなくても、愚直に遂行する気持ちを忘れないよ

※4　無用の用…役に立たないものや使い道がないと思われるもの（無用）が、実は大いに役立つ（用）という意味。中国の思想家荘子の書物に出てくる言葉。

うにしなければいけません。

ところで、成果主義での人事評価は、日本ではバブル経済が崩壊したあとの１９９０年代後半に導入されました。業績低迷での企業間の競争激化から、内向き志向が強まり、いわゆる「パイの奪い合い」が始まったころです。頑張った「勤め人」をほめて、各期間ごとで給与や賞与を増やす仕組みです。よって、成果が上がらなければ減額される制度です。この制度が始まったころから、物事を短期思考でしか捉えられなくなり、ほめられること、すなわち成果につながることとしかしなくなる習性が付いたようです。そして残念なことに、先々になってからしかほめられないこと、すなわち本来しておくべき大事なことを軽視するようになってしまったのではないでしょうか。

「桃栗三年柿八年」ではありませんが、成果が上がるまでに、長い年月を必要とするものがあります。そして、おいしくいただくには、実ってもしっかり熟すまで待つことが肝腎です。目先のほめられることに腐心し、収穫を急いではいけません。「ほめられたい願望」の弊害をぜひ一掃しましょう。

(2)「個人事業主」の立ち位置で、自分で自分を評価する

自律とは、自分で規律を決め、それに従って行動し、自分で自分を評価することだと考えます。「他」からの指示・命令ではなく、主体的・自発的に行動をすることです。組織の構成員一人ひとりに、そういう心構えが求められます。指示どおりに、経験則を大切にミスなく業務を遂行するだけでは、成長・発展は望めない時代になっています。どの組織も「他律型人間」や「指示待ち人間」はいらないのです。

しかし、今までと違い、自分で自分をマネジメントする能力を備えることは難しいことです。「他」が自分をマネジメントしてくれる方が、パワーもいらず、ストレスも溜まらないでしょう。しかし、それでは組織に貢献できないことになります。そうならないために、どういう意識を持って行動すれば良いのでしょうか。筆者は究極、「自律型人間」とは、「勤め先」企業と

対等な取引をする「個人事業主」の立ち位置で行動する「勤《つと》め人《びと》」だと考えます。それは、まさに「オーナーシップ意識」[※5]を持つということです。責任はすべて自分に課せられるのです。対等に取引をするためには、かなりの自力を付けないと組織の圧力に負けてしまいます。過保護・過干渉で育ち、細かく丁寧な指導がないと動けないようでは、そもそも不可能な行動です。それでは、「他」からの評価に一喜一憂してしまいます。良く評価されればうれしくなり、悪いと落ち込んでしまいます。「他」からの評価に振り回されず、自分で自分を評価し行動する自律心がないと、弱さを露呈してしまいます。そして、「勤め先」企業を自らの力で「変えてやる」という強い意気込みが求められるのです。

「個人事業主」のように行動するには、自分の長所と短所、強みと弱みを改めて知ることです。大げさではないと思いますが、兵法書「孫子」の一節「敵を知り己を知れば百戦危うからず」の心意気でしょうか。そして成果は、自分で自分を公正かつシビアに評価することになります。責任も「他」に転嫁する

※5 オーナーシップ意識…与えられた仕事や課題を自分事として、責任を持って解決するようにし、自分の役割を果たす姿勢のこと。当事者意識を持って向き合う姿勢。

のではなく、自分に帰属するのです。こうして、「勤め先」企業との関わり方を自らがコントロールするのです。究極は、「勤め先」企業の成長・発展に貢献し自分自身の能力も高められる、まさに「Ｗｉｎ－Ｗｉｎの関係」[※6]の構築です。組織の成長・発展を第一に、独自の戦略でＰＤＣＡ[※7]を回してスパイラルアップし、自らの高みを目指そうではありませんか。自分で自分を評価することで能力を高め、どこに出ても通用する、堂々とした「勤め人」になりましょう。

さらに、組織の中で一人ひとりが、「個人事業主」の意識で行動すれば、責任体制が明確になり、もたれ合いはなくなると思います。社会心理学で、「社会的手抜き」[※8]という言葉がありま す。そして今、日本の労働慣行である「メンバーシップ型」雇用のマイナス面が指摘されます。しかし、個々が「個人事業主」のように行動し責任体制が明確になれば、チーム（集団）であっても、手抜きやもたれ合いは起こらないと考えます。加えて「個人事業主」は「エンゲージメント」が高くなり、労働生産性が向上するとのことです。「勤め人」が「オーナーシップ

※6　Ｗｉｎ－Ｗｉｎの関係…「自分も勝ち、相手も勝つ」のことで、双方が利益を得られる協力的な関係をいう。

※7　ＰＤＣＡ…Plan（計画）、Do（実行）、Check（評価）、Action（改善）の頭文字。サイクルを回すことで、発見した課題を解決しながら、業務を進めていく手法。１９５０年代に米国で、Ｗ・Ｅ・デミングらにより提唱された。

※8　社会的手抜き…集団で共同作業をする際に手を抜いてしまう心理現象で、一緒にやる人数が増えるほど、１人あたりの努力量が減る。

意識」を持つことで、「エンゲージメント」が極端に低く、生産性が低迷する日本の面目一新がかなうことになります。「他」からの評価に一喜一憂せず、自分で自分を評価し、高みを目指そうではありませんか。

(3) 評価は結果であり、目標ではない

「他人がどう見ようが、自分は自分だ」という信念が備われば、評価は気にならなくなります。しかし、「罪の文化」[※9]でなく「恥の文化」[※9]に生きると言われる日本人、どうしても「世間の目」、仲間からの目を気にしてしまいます。「集団主義」から脱却し「個人主義」が大事だと言われるものの、完全なる「個人主義」には徹しきれません。人がどう思うかを考え、それに合わせるように、自分の行動を選択してしまいがちです。人の前では良く見られようと、正直な自分を隠し、うそを振る舞ってしまいます。結局は徒労に終わり、お互いが疲れるだけです。これ以上そうならないように、評価の基準を、「自分の心がど

※9　罪の文化と恥の文化…米国の文化人類学者R・ベネディクト(1887～1948)が、著書『菊と刀』(1946年)で提唱した文化類型。日本は、他人の目という相対的な基準で行動する「恥の文化」で、欧米は、罪という絶対的な基準で行動する「罪の文化」と位置付けた。

う思うか」に変えていかないとダメだと思います。
評価を気にすると、目先の成果にこだわってしまいます。じっくり腰を据えて考えるという態度がとれなくなります。それでは小粒で小利口な「勤《つと》め人《びと》」しか育たなくなります。一見優秀であるようでも、そういう「勤め人」ばかりでは、長い目で見て貢献度が大きい成果は生まれなくなります。すぐには成果につながらなくても、自分が描くビジョンに向かって着実に進める「勤め人」を目指さなくてはいけません。そういう愚直な働き方を続ければ、いつか必ず評価される時が訪れるのです。それを信じて生き抜きましょう。もちろん、評価はあくまで結果です。

ところで、トーナメントのスポーツ大会でよくあるケースです。勢いがついて勝ち進むチームの監督が、インタビューに応えて、「あと1勝、明日の試合は絶対に勝って優勝します！」と宣言をすると、負けて栄冠を逃すことがよくあります。無欲で、無心に試合をしてきた選手たちに、「優勝目指して、勝利しなければ」というプレシャーがかかり、欲のために浮足立ってしまうからでしょう。勝ち進んだのは結果の積み重ねであったのが、「あと1勝」が目標になってしまったからです。これと同じように、評価は結果であって、それを目標にしてしまうと果実は得られないということです。

今皆さんは、能力レベルで、友人や知人と比べ自分が劣っているのではないか、遅れているのではないかと、焦りや不安な心理に陥ることが多いと聞きます。そして、いわゆる「ゆるい職場」を嫌って離職してしまうケースが増えていると聞きます。なぜ他人と比較してしまうのか、なぜ長いスパンで自分の成長を考えられないのか、筆者には理解できません。ここだと決めて、そこの組織の一員になった以上、その組織の成長・発展にいかに貢献できるかを考え、努力を重ねることを目標にすれば良いのではないでしょうか。自分にとって満足がいかない職場であるならば、自らが先頭に立って、そこでの組織変革にこそ尽力すべきだと考えます。そういう努力を通じてこそ、自分自身が一皮も二皮もむけて、真の飛躍、キャリアアップにつながるのです。それこそが、友人や知人と比べて、負けない以上の力が備わるのだと思います。

　目先の評価を気にし過ぎると、いわゆる大物は育たないで、小利口な小物ばかりになります。どんな世界でも、下積みが長く、厳しい修行や稽古《けいこ》で鍛えられた人は、いずれは、大きな成果を出して不動の存在になっていきます。例えば芸能界（エンタメ界)でも、人気先行の「早咲き」ですぐ消えていく人より、「遅咲き」でも実力が備わって、長く人気が続く人の方が素晴らしいと、誰もが思うのではないでしょうか。「人生100年時代」と言われます。決して慌てないで、世のため人のためになるよう、「勤め先」企業の成長・発展に貢献する力を付けていただきたいと思います。そういう生き方の最終結果が、周囲からの高い評価につながれば、これぞ「キャリア自律の成功者」だと思います。

　大器として、遅れてもより大きな社会貢献をする人物になりたいものです。最近あまり耳にしなくなった「大器晩成」[※10]とい

※10　大器晩成…すぐれた器

う言葉を死語にしてしまってはいけません。

（4）誰も見ていない所でゴミを拾う

周囲の人、特に自分の利害に関係する人に見られていると、そうでない場面と違って、一生懸命に頑張る人がいます。往々にして、人はそういう態度を、そして行動をしてしまいます。一方で、利害に関係ないとなると全く頑張らない人がいます。そのギャップの大きさに驚いてしまいます。「要領が良い」と言えば聞こえは悪くないのですが、中には人格を疑いたくなる人がいます。そういう人がいると組織の雰囲気を悪くしてしまいます。そして、二重人格もその乖離があまりにも大きいと、その人を信用できなくなります。今言ったような人が多い組織は、相互の信頼関係がなくなって風通しが悪くなり、退廃していく組織になります。誰かが見ていようがいまいが、いつも同じ行動をとりたいものです。

ところで、「心に恥じる恥」という言葉を聞いたことはない

量の人は往々にして遅れて大成するということ。（『新明解』）

でしょうか。自分で自分の行動を顧みて反省し、評価をするという意味です。あるいは、行動を起こす前に、今から行おうとすることが正しいかどうかを自分に問うてみるという態度です。倫理上も含め、間違っていないかどうか、常に胸に手を当てて考える。そういう態度を日常化し、自分で自分を制御する心をなくしてはいけないのです。そして、良心に照らし、「これで良い」と自分が決断したなら、誰が何と言おうが、信念を持って貫く気構えを持ちたいものです。日本人にそういう気構えを持った人が、どんどん少なくなっているようです。「信念」とか「気骨」とかで表現される生き方です。その点は、筆者も反省するところです。

見られているかそうでないかで、なぜ人の行動は違うのでしょうか。見られた方が頑張れる人、見られていると緊張して実力を発揮できない人、それぞれさまざまです。見られていようが、見られていまいが、平常心で普段通りに行動したいものです。周囲の目に左右されずに行動し、自分自身が納得できる成果を上げられれば、それで良いのではないでしょうか。

私自身の回顧談です。支店長になるまでは特に気にすることも、ましてや拾うこともなかった支店の営業室に落ちている小さなゴミの話です。実際に支店長になり支店を任されたら、誰も気が付かないほどの小さなゴミも目に付き、誰にも見られないようにして拾うようになったのです。これ見よがしに拾っていては、嫌味に取られてしまいますから、さりげなくしていたのでした。なぜここまで、自分の行動が変わるのか本当に不思議でした。自分に任された支店なので、すべてを自分事として捉えるようになったからでしょうか。または、だれからも評価されることがなく、自分で自分を評価するからでしょうか。誰も見ていない所で、さりげなくゴミを拾う自分に気づいたのです。もちろん支店の中で、実はそういう行動をする部下がいたのかもしれません。またそうであれば、立派な部下に恵まれて、しあわせだったことになります。

「誰も見ていない所でゴミを拾う」人が多い組織は、強い組織だと思います。主体的に行動する人が多い組織は、「指示待ち人間」が少ない組織であり、生産性が高い組織になるでしょう。誰も見ていなくてもさりげなくゴミを拾う、そんな人間になりたいものです。評価されなくても組織に貢献し、ひいては、それが世のため人のためになっていると信じることでしあわせを実感できれば、最高の生き方だと思います。

第４章　私が考える「自己実現」とは

「他」を全く意識しない、理想の自己を追求し確立する

(1)「人は人、自分は自分」の気構えを持つ

今振り返ると、年月はあっという間に過ぎてしまいました。漫然と生きてしまったかもしれません。人生プランをもっとしっかり立てて、それに向かって歩みを進めれば良かったと後悔しています。これから活躍を期待される皆さんは、そうならないように、自分の「職業人生」を送ってほしいと思います。この世に生まれた以上、まずは自分というものを大切にして、世のため人のために貢献するよう頑張ってください。そして、何事も最後は自分で決断するようにして、信念を曲げず、自己肯定感[※1]を持って生き抜いてください。

そのためにも、他人からどう見られようが気にすることなく、まずは、「動じない自己」の確立を目指してください。他人は、

※1　自己肯定感…ありのままの自分を肯定する感覚のこと。他者と比較することなく、自分自身が「今の自分」を認め尊重することで生まれる感覚であり、物事を前に進める

あなた自身が思うほどあなたのことを見ていないものです。自意識過剰の人生では疲れてしまいます。そして、周囲がどう見ていようが、堂々と図太く生きていきましょう。一方で、他人は他人の生き方があり、その生き方をリスペクト（敬意を示す）しなければいけません。お互い価値観が違って当然だと捉え、相手の考えをこちらの都合に沿うように変えようとしてもいけません。「勤め先」企業などの組織は、いわゆる「仲良しクラブ」ではありませんから、思考や価値観が違う人と交わることを避けては通れません。お互いが違っていることを、あえて大いに喜ばなくてはいけないのです。そして、それぞれが自分の「色」を変えてはいけないのです。その点、芸術家岡本太郎（１９１１～１９９６）の「本当の調和とは、ぶつかり合うことだ！」という言葉は、しっかり考えさせられる意味深長な言葉だと思います。

ところで、他人との比較には、自分より劣る人と比べる「下方比較」と優れた人と比べる「上方比較」があると言います。

原動力となる。（グロービズ
経営大学院）

前者は優越感や自分に対する満足感を得られ、後者は向上心を刺激する効果があると言われます。また昔から、「上には上がいて、下には下がいる」とも言われます。上も下も、比較すればキリがないということです。よってこれからは、他人と自分を比較することは一切やめることにしましょう。他人との比較による優越感や劣等感に、一喜一憂しないということです。

　誰もが、性格に長所と短所があり、能力には得意なことと不得意なことがあります。また性格は、見方によって、長所と思われるものが短所になり、短所と思われるものが長所にもなったりします。能力では、得意なことが強みになるようにブラッシュアップし、「相対評価」[※2]ではなく「絶対評価」[※2]につなげていきましょう。戦前の教育は「絶対評価」でしたが、戦後は「相対評価」になり、他との比較が主体となってしまいました。特に、１９６０年代に始まった偏差値教育が、今や弊害になっているのかもしれません。

　前章でも述べたとおり、自分を評価するのはあくまで自分で

※2　相対評価と絶対評価…
相対評価は、属する集団内で順位を基準に他者と比較して評価する方法であり、絶対評価は、個人の能力を固定の基準と比較して評価する方法である。戦前は人物評価を主体に、絶対評価であったとのことである。多少勉強ができたとしても、人物評価が良くな

あり、ひたすら理想とする「最高の自分」を目指すことです。誰からも振り回されない自己というものが実現するよう、本当の意味での「個人主義」を実践する手本になろうではありませんか。「人は人、自分は自分」の気構えで、自分を高めるよう、それだけに専心しようではありませんか。一方で、人は自分自身を過大評価しまいがちであると言われます。それだけに、評価者である自分は、謙虚さを忘れることなく、「ブレない人物」にならなければいけません。

自己の評価は、常に「絶対評価」であるべきです。他と比べる「相対評価」とは無縁です。「上方比較」も「下方比較」も関係ありません。あくまで自分が掲げる目標に対する到達度で評価するのです。この目標はそもそもが、公言もせず、他人の目にさらされることもないので、独りでシビアに評価しなければいけません。ただしそこには、短期思考にならず、ましてやうまくいかないからと「自分いじめ」をしないよう、注意が必要です。

いと学力評価を下げられたケースがあったとも聞く。

（2）「ミッション」を抱き、今の自分に没入する

「ミッション」[※3]とは、社会において果たすべき使命や任務、そして存在意義のことを言います。自分はどういう形で何をして社会に貢献していくかが明確でなければいけません。例えば、やりたいこと、やるべきことを実現させるために、資格を取得するという考え方は大事です。しかし、資格を取得すること自体が目的であってはいけないと思います。やりたいことやるべきことが最初にあって、そのために必要となる資格を取得するということです。そして、資格を取得できたなら、それをしっかり活用して、当初の目的を成し遂げていくのです。

学歴や職歴が一流であることを自慢しても、これからは、今までほどには役に立たない時代になるでしょう。「学歴社会」から「学習社会」への移行です。履歴よりも、今現在何をしているか、何を学んでいるかの方が、はるかに大事です。そして、自分が生涯かけて何をしようとしているかが、そもそも生きる

※3　ミッション…営利を抜きにして果たすべき「使命」や「任務」のこと。

上での命題になります。活用できない知識など、全く不要であると言っても過言ではありません。学んで得た知識を、知恵としていかに活用していくかを考えなければいけません。つまりこれからは、自分の得意分野や自分に求められている分野を学び直していくこと（「リカレント教育」[※4]）と、全く新たな未知の分野を学ぶこと（「リスキリング」[※5]）が不可欠になります。自分の「ミッション」を成就するためには、「知の欲求」を満たし続けることが必須になるのです。

友人や同級生と比較して、自分の方が優れていると思えば、優越感を覚えます。優越感を得たくて頑張ることは、何も問題ではありません。受験競争では、良い点数を取れば偏差値ランクが上がり、より上位の学校への受験が優先されます。どこで何を学びたいかという選択基準よりも、この偏差値ならどの学校の合格可能性が高いかで選別してしまうのです。そこでは、「人生で何をするために、どこで何を学ぶのか」が、すっぽりと抜け落ちてしまいます。偏差値の高低が志望校選択の基準に

※4　リカレント教育…社会人になってから、自分の仕事に関する専門的な知識やスキルをさらに上を目指して学ぶこと。

※5　リスキリング…新しい職務（職業）に就くために、または現在の職務（職業）で必要とされるスキルを大幅に変えるために学ぶこと。

なってしまっています。まさに「学歴社会」というものの弊害です。このことが、その後の生きざまに少なからず影響を与えていることは否めません。

「今まではどうだったのか」という過去を評価する考え方は、参考にはなっても、かえって足枷《あしかせ》になるのではないでしょうか。これからは、所属する組織の中で、自分は「これからどうあるべきか」を考え、「世のため人のために何ができるか」を常に見つめ続けることが求められます。さらにそのために、「何を学んでいくのか」を考えるのです。すなわち、それらをまるごと、自らの「ミッション」として確立していくのです。そして、その「ミッション」の成就に向けて、独り黙々と未来志向で邁進するのです。

序章で述べた通り、日本はこのままの状態が続くようなら、間違いなく没落して「貧困大国」になっていきます。悪い流れを食い止め、再生させるために、一人ひとりに何ができるのかを真剣に考える時が待ったなしで来ています。そのために、一つでも少しでも貢献することが、皆さんの「ミッション」だと思います。研鑽を重ねて能力が高まり、組織での地位が上がっていけば、「ミッション」もより高いものになっていきます。高くなれば、影響力も組織の中だけに留まらず、外へと大きく拡がり、社会への貢献度は増していきます。昇進とともに、「自分のあるべき姿」をその時の立場で捉え直し、確実に歩みを前に進め、人それぞれの「ミッション」を成就させることにしましょう。

(3)「自利」の気持ちを忘れ、限界に挑戦する

「情けは人のためならず」という言葉、慣用句があります。他人に親切にすることは大事であり、いずれは善い報いが自分のところに巡ってくるという意味です。「利他」の心がけです。しかし、報いを最初から当てにして行動を起こすのは打算的過ぎます。筆者の嫌いな生き方の一つです。認められなくても、そして見返りがないとしても、良いではないでしょうか。自分

の行動が世のため人のためになると信じれば、それこそが生きがいと感じるべきです。「利他」を成就できたことで、しあわせな気持ちになれれば、それで最高なのではないでしょうか。

一人ひとりが我欲を捨てて協力し合うことが、結果として、総和の利得が最大になるという知見もあります。経済学の「ゲーム理論」[※6]で説明に使われる「囚人のジレンマ」[※7]という話です。我欲を捨て、相手を思いやって協力し合うとお互いの利得（総和）が一番多くなるという内容です。しかし今は、「個人主義」を履き違えて「利己主義」になる傾向が強くなっています。「自分さえ好ければ、それで良い」とか、「法令違反でなければ、何をしても勝手だろ」という考え方です。倫理や道義を無視した考えが、組織に、そして社会に拡がるその先を、筆者は憂いています。よって、皆がしあわせになる「全体最適」を目指して、我欲を優先することがない行動をとるようにしたいものです。

ところで、人には自分を過大評価する心理傾向があると言い

※6　ゲーム理論…複数の主体が関わる意思決定の問題などを数学的な数理モデルを用いて研究する学問（経済学の主要な理論の一つ）。

※7　囚人のジレンマ…お互い協力しあう方がしないよりも有利な結果になることが分かっていながら、協力しない者がより利益を得る状況が存在すると、お互いに協力しなくなる、というジレンマ。

ます。誰もが、少なくとも平均ランク以上であると思っているそうです。人は自分に甘いので、最低でもそのように評価されないと不満を抱きます。皆さんはどうでしょうか。もちろん、成果を公平かつ公正に評価されないと、だれもが不満を抱くのは当然です。理不尽な評価であれば、不満を超えて憤りにつながります。人と人が関わりを持つ組織の中において、信頼関係をなくしてしまい、あってはいけないことです。もし、そういう状態であれば、より厳しい「評価者研修」が必要になってきます。

一方で、もし不憫《ふびん》にも理不尽な評価を受けたとしても、地道に着実に「自分磨き」を続けていれば、先々にちゃんと評価され、挽回できます。そもそもあってはいけないことですが、筆者はそういう事例を何例か見ています。不憫と思われる評価に腐ることなく「自分磨き」を続ければ、遠回りになったとしても、いつかは必ず報われるのです。見る人はちゃんと見ているのです。長い「勤め人《つとびと》」人生、捨てたものでもありませんから、悪びれずに諦めないで、「理想の自分」をひたすら目指して頑張ってください。さらに、評価者と、不憫な思いをさせられた被評価者の立場（職位の上下関係）が、その後逆転したという事例もあります。「江戸の敵《かたき》を長崎で」※8とったかどうか、それはなかったと信じていますが、見返せたことは確かでしょう。

いずれにしても、自分を信じて「自分磨き」というものを不断に続けなければいけません。少し大袈裟な表現かもしれませんが、「悟りを開く」域にたどり着くまで続けることです。まさに、人生のエンドレスな、終わりのない挑戦です。純粋（ピュア）な気持ちで、際限なく自分を高め続けることです。筆者が考える「自己実現」とは、「『他』を全く意識しない、理想の自己を追求し確立する」ことです。理想とする自己像に少しでも近づくよう、貪欲に頑張ろうではありませんか。しかし、ここでも悲壮感は禁物で、楽しみながら前進するようにしてください。そうした一人ひとりの「自己実現」欲求の達成が、組織の、「勤め先」企業の成長・発展につながるはずです。

※8　江戸の敵を長崎で…全く関わりがない意外な場所で、または筋違いな事で、昔の恨み（遺恨）の仕返しをすること。

(4)「独立自尊」の域に生きる

「独立自尊」とは、「人に頼らずに自分の力だけで事を行い、自己の人格・尊厳を保つこと」(新明解四字熟語辞典)という、現代人が忘れかけている、「強い生き方」を啓発する言葉です。そして、福澤諭吉(1835~1901)が提唱する「独立自尊」の精神について、その内容が、「もういちど読む山川倫理」(山川出版社)に次のように記載されています。

「独立の気力のない者は、国家を思うことも切実ではない。独立とは自分で自分の身を支配し、他人にたよる心がないことである。自分で物事のよしあしを判断して誤らずに行動する者は、他人の知恵にたよらずに独立している。自分で心身を働かせて個人の生計を立てる者は、他人の財産にたよらずに独立している……独立の気力のない者は、かならず人にたよる。人にたよる者はかならず人を恐れる。

人を恐れる者はかならず人にへつらう。つねに人を恐れてへつらう者は、しだいに面の皮が鉄のように厚くなり、恥ずべきことを恥じず、論ずべきことを論じず、人さえみればただ腰をかがめるばかりである……このような人間は立てといえば立ち、舞えといえば舞い、その従順なことは家で飼っている痩せ犬のようである」（『学問のすすめ』口語訳）

「独立」は、孤立することとは全く違う概念です。「独立」とは、人との関わりの中で自立していることであり、なくてはならない存在として、いざというときに頼られることだと思います。たくましい存在であらねばならず、「弱きを助け強きをくじく」精神を持っていなくてはなりません。どこにでもありそうな、弱いものには強く接し、強いものには弱腰で対応するのとは真逆です。さらに、いざというときには、「反骨精神」[※9]を持って事に当たる態度が求められます。

そして「独立心」とは、組織の一翼を、私こそが任され担っているという気構えです。この分野では、自分がナンバーワン

※9　反骨…権威・体制に媚《こ》びること無く、安易な世論に常に批判精神を失わぬ生活態度。（『新明解』）

になり､組織を背負って立つのだという気概で頑張ることです。若年であっても、下位の職位であっても、組織の中で存在感を示すことが求められます。今の自分に任された仕事を完璧に全うしようと努めることです。それぞれが独立して、もたれ合いや責任のなすり合いもなく、「勤め人《つとびと》」一人ひとりが任された分野でプロフェッショナルの意地を見せることです。さらなる高みを目指して、挑み続けることです。

そして、「自尊」とは、自分という存在に誇りを持つということです。自己の人格に尊厳を保ち、いつ、どこに出ても恥ずかしくないようにあり続けたいものです。明治維新を先導して成し遂げた下級武士たちが欧米視察をしたとき、その堂々たる振る舞いに、それを見た外国人たちが感動したというエピソードがあります。「自尊」とは､日本人の精神性の拠り所である「武士道」から出てくるものかもしれません。それを考えると、私たち現代人は､その精神性を失いかけているような気がします。もしそうであるならば、急いで取り戻さなくてはなりません。

それぞれに独立しつつ、同じ目標に向かってお互いが関わりあえば、その組織は必ず強くなるはずです。「上《うえ》」にこびへつらうことなどせず、また周囲に振り回されることもなく、「確固たる自己」を持って堂々と生きていくことです。そして、お互いに違いがあること、すなわちそれぞれの人格を認め合う、そういう「勤め人」でありたいものです。「自己実現」とは、「独立自尊」の精神があってこそ出来上がるものと思っています。

第5章　協調しない「勤《つと》め人《びと》」を大事にする

意見のぶつかり合いが、組織を強くし、成長・発展させる

（1）性格スキルで重要なのは「協調性」より「真面目さ」である

「協調性」は「主体性」と並んで、採用時の最重要性格スキルになっています。別の言い方をすれば、「人柄が良い」とか「社風に合う」とかの表現にもなるのでしょうか。そして「協調性」は、組織の一員になったあとも、人事評価の情意項目で、「積極性」、「規律性」、「責任感」などと並んで、評価され続けます。

指示・命令に文句を言わないで素直に従うこと、同僚とはいさかいを起こさず協力し合うことなど、組織の「和」を乱さないことが求められ、乱す行為は嫌がられ、評価を下げてしまいます。一方で、構成員である「勤め人《つとびと》」も、「仲間外れ」にされないよう、気配りをしてしまいます。それでは思っていることも十分に言えず、ストレスも溜まって、良い仕事などできる

はずがありません。

筆者は40年余の「勤め人」経験で、次のようなことを感じました。「平《ひら》」のころは、上司や先輩に盾突けば、「文句ばかり言う奴《やつ》だ。まずはやってから言え！」と叱責を受け、周囲から「協調性」に欠けると煙たがられることもありました。一方勝手なもので、管理職になったときは、素直に指示・命令に従ってくれる部下が揃えば、まずは一安心でした。余計な神経を使わなくて済み、心穏やかに仕事をすることができました。「協調性」というスキルは、組織を統制する立場の者が、一番大事にしたい性格スキルなのでしょう。

統制がきいた組織に比べ、口角泡を飛ばし活発に議論が交わされる組織は、外からはまとまりに欠けているように見えます。激しい意見のぶつかり合いがあるのですが、最後は、共通の目標に向かってお互いが歩み寄り一つにまとまるのです。そして、決めたことに皆が従い、それぞれの役割を全うするのです。これこそが本来の「協調」[※1]というものです。しかし昨今は、自分の意見を言わず他の意見に従ってしまう「同調」[※2]する態度が主

※1　協調…相違点・利害などを譲り合い、共通の目標に

になってしまっています。組織内に、そして仲間内にも「同調圧力」が幅を利かしています。「同調圧力」に屈して自分の意見が言えず、無条件で大勢《たいせい》に従うようでは、組織の成長・発展は望めるはずがありません。

ところで、人生を成功に導く性格スキルで、「協調性」がその上位でないという米国での研究結果があります。大事な五つの性格スキル、「開放性」、「真面目さ」、「外向性」、「精神的安定性」そして「協調性」のうち、一番重要なスキルは「真面目さ」だそうです。人生にはコツコツと努力して困難を克服し、目標に到達することが一番大事ということです。そして、「協調性」は下位なのです。筆者もこの結果に、「勤め人」人生を振り返り、周りを見渡して、「なるほどそうだ」と納得するのです。このように「協調性」は、組織を統制する側が求める性格スキルであって、個人の立場からすれば、人生を成功に導いてくれるには、あまり重要ではないということです。ましてや、「同調」するようでは成長などあり得ないと……。

向かって歩み寄ること。（『新明解』）

※2　同調…（自分の意見を出さず）他の意見・態度に賛成すること。（『新明解』）傍点は筆者が付した。

しかし、日本では、「協調性」を「勤め人」の最重要性格スキルだと、知らず知らずに挙げてしまいます。組織は「人」の集合体ですから、「人」の能力が最大にならないようでは、組織も最大のパフォーマンスを発揮できません。「協調性」を最優先するようでは、本来の能力を最大限に発揮できないのですから、過度の「協調性」は全く不要だということです。それよりも能力が最大になるよう、皆さんには、コツコツと誠実に「やり抜く力」である、「真面目さ」というものを忘れずに頑張ってほしいと思います。自分なりに遠大な目標（「ライフキャリア」）を立て、焦らず一歩一歩前進していくことが大事です。

人生は長距離走と同じです。筆者は36歳からジョギングを趣味にし、今も楽しんでいます。以前は、フルマラソンやハーフマラソンなど、市民レースに毎年何回も参加していました。目標は、自己の設定タイムに挑戦することであり、他の参加者と順位を競いあうことではありません。そのときの体調やコース・天候コンディションなどが競争相手であり、ちょっとした戦略みたいなものを立てて、黙々と目標タイムを目指すのです。オーバーペースにならないよう、ペース配分に気を付けることがとても大事になります。不調で途中棄権をしたいときがあっても、耐えてこらえて完走する。そして、目標通りに完走できたときの達成感や喜びは、何物にも換えがたいものがあります。ゴールを目指して、焦らず一歩一歩走る長距離走は、人生そのものです。「勤め人」人生には、コツコツと努力して困難を克服し目標に到達すること、すなわち「真面目さ」が一番大事ということです。

(2)『他』と違うことをする」行為を高く評価せよ

他人と違うことをすることは、勇気がいります。日常生活でも、流行が気になり、それに乗り遅れまいと、よく無理をしてしまいます。皆と一緒であること、同じであることで、まずは安心感が得られます。一方で出る杭になってたたかれないよう、目立たないようにしてしまいます。個性を発揮せよと教えられるのは、没個性の国民性だからなのでしょう。他人の目が気にならなければ、ありのままの自分をさらけ出せるはずです。「旅の恥はかき捨て」とはうまく言ったものです。よって、他人の目を気にしなければ、自分の都合に合わせた大胆な行動がとれることになります。

組織も成長が足踏みをし、低迷から抜け出せずにいるとき、「過去の成功体験は忘れろ」とか、「創造的破壊こそ必要だ」という改革のメッセージが叫ばれます。内向き志向で失敗を恐れる今の日本人、残念ながらそういう行動はできず、言うだけに留まっています。「他」がやらないとやれない、横並び志向の国民性が災いしています。どこかがやり始めて成功し、その事例が多くなると初めて、遅れまいと慌てて改革に着手するのです。しかしそのときも、成功先と同じような改革案しか考えられないので、有効打にはなりません。ましてや、起死回生の決定打など、打てるはずがありません。どの組織も、成り立ちや属性は各様に違いますから、独自の改革案こそが必要です。

学校教育における内申書でも、「勤《つと》め人《びと》」になってからの人事評価（情意項目）においても、いろいろな場面で「和からは み出さない」よう指導されます。よって、「他」と違うことをすることは非常にリスキーです。皆と同じであり、皆と同じことをするように躾《しつ》けられます。和を乱さない態度は、「昭和型」働き方の規範であり、工業化社会の理想形でした。いまだに、こういうタイプの「勤め人」が組織にのさばり、高評価されるようでは、いざというとき革新は生まれません。消費を喚起するヒット商品が生まれなくなった理由でもあると思います。「よそがやっているからやろう」ではなく、「よそがやっていないからやるのだ」という発想こそ大事です。

個性を強調しても、結局は流行に左右され、よく見れば皆同じになってしまう傾向が続きます。加えて、昨今のネット上でのつながりは、強力な「ムラ社会」を形成していると聞きます。複数の別個の仲間に加わり、それぞれにその社会に合わせるため、違う自分を演出しなければならなくなるそうです。多重人格を演出し、本当の自分が自分でも分らなくなります。その「ムラ社会」で突出する（良い）と、妬《ねた》みやひがみの対象になってたたかれるとも聞きました。これでは個性は抹殺され、「個」の力は強くなっていきません。これから組織を背負う皆さんは、どうか「他」と違うことを認め合い、のびのびと生きていける社会を、個性を伸ばせる社会をつくっていただきたいと思います。

欲しい物を親に買ってもらいたいときの言い方です。まだ一部の友だちしか持っていないのに、「皆（全員）が持っている。買ってもらっていないのは自分だけだ」と言ってねだります。親をその気にさせる「殺し文句」です。親もその文句に、ついほだされて、与えてしまいます。また、商品をセールスするときの店員の「とどめのトーク」です。「皆さん、すでにお買い求めになりお使いです」とか、「この地域の皆さんは、すでにそうしていらっしゃいます」などです。迷っていた客は、「それなら……」と購入してしまいます。まさに、「皆と同じである」ことが、日本人の国民性ということになります。

そして、皆さんも聞いたことがあるたとえ話（ジョーク）です。世界各国の人々を乗せた大型客船が沈没しそうなとき、限られた救命ボートには弱者を優先して乗せざるを得ず、乗務員が成人男性にかける言葉です。米国人には、「飛び込めば、あなたはヒーローになれますよ」と言い、英国人には、「紳士は、こういうときには飛び込むものです」と言えば良いそうです。そして日本人に対しては、「皆さんは、もう飛び込みましたよ」と言えば、それで済むという内容です。こと左様に、周囲と同じであることに安心し、とがらないことを避けたがる日本人です。これ以上にこの傾向が強くならないよう、否《いな》、なくなるように、筆者は祈るばかりです。

(3)「一点に突出した能力」を伸ばす仕組みをつくれ

個性を伸ばすことが大事だと言われ、個性を重視する教育は1980年代に始まったそうです。しかし、校則などについては、やっと数年前から見直され始めた状況です。規則は必要ですが、児童生徒たちの活動に自主性・主体性がなければ、型にはまった「人」しか生まれません。「一点に突出した能力」を育むためにも、没個性の教育指導をぜひとも排除してほしいと思っています。それぞれの得意分野で、上手に指導を受ければ、能力は無限に伸びるのではと夢を抱きます。

さて、日本の雇用システム、すなわち「メンバーシップ型」[※3]企業に勤めたとします。勤めてから10年もすれば、自分自身がどの業務が得意で、どの分野で活躍し貢献できそうかが、おのずと分かってきます。どの分野か、その中でもどの業務なのか、一方で、ゼネラリスト[※4]でやっていけそうかスペシャリスト向きか、自分でおおよそ判別できるのです。自分の得手不得手からの見極めです。そして、永年勤続を視野に、しっかりと「キャリアプラン」を描き、「一点に突出した能力」に磨きをかけてほしいと思います。

そうしていく中で、どうしても自分を生かせないと思えば、転職を視野に入れることも必要になるでしょう。しかしその前に、今の「勤め先」企業で自分の価値を高め、売り込む努力が先決です。もし人事制度で、社内公募（ジョブポスティング）

※3 メンバーシップ型とジョブ型雇用…メンバーシップ型は「人」に職務（仕事）を割り当て、ジョブ型は職務（仕事）に対して「人」を割り当てること。

※4 ゼネラリスト…幅広い知識や経験、技能を備えた人物をいう。（対：スペシャリスト）

や社内[※5]ＦＡ（フリーエージェント）などの仕組みがあれば、求めてくれる部署やチャレンジしたい部署へ、それを活用して移れるようにする努力です。それまでに磨きをかけた能力を評価してもらうことになります。それは、雇用される力（エンプロイアビリティー）以上の、社内「転職力」という能力、すなわち職場（職務）を選べる力、選ばれる力です。

　この社内「転職力」とは、今の「勤め先」企業において、なくてはならない存在になることであり、人事異動への本人の意向（影響）が増していく力のことです。つまり、希望する職場（職種）に就くことがかなう能力というものです。「一点に突出した能力」を備えて、「勤め先」企業の成長・発展に貢献できれば、「内部労働市場」[※6]は転出を恐れて、能力ある者を放っておかないはずです。もちろんそうなるためには、属性的な強みに加え、人並み以上の自己啓発と自己研鑽が求められます。

　「学歴社会」は終わり、いよいよ「学習社会」になります。目指すところに就職できたなら、自分はそこでどう活躍し、貢

※5　社内ＦＡ制度…「勤め人《びと》」が一定の条件（勤続年数や保有資格など）を満たした上で、希望する部署に自らを売り込む人事制度のこと。なお、社内スカウト制度の導入も増えつつある。

※6　内部労働市場…組織内に存在している労働市場のことを言い、「勤め人」を長く雇用するために、その市場内で昇格・昇進や異動（配置転換）を実施する。筆者が提唱する社内「転職力」は、その市場内で影響力を発揮する能力である。

献するのかを長いスパンで真剣に考え、学習を貪欲に続けなければいけません。もし、自分が望む分野や業務がなければ、「リスキリング」などで新たに知識を習得し、「上《うえ》」に懇願・説得して業務の立ち上げに、ぜひ挑戦してください。それが、「勤め先」企業の成長・発展に不可欠の分野や業務であればなおさらです。組織の中で起業家精神を発揮し、自分たちで業務を創業するのです。未開拓分野への果敢な挑戦に、忘れされつつある「アニマル・スピリッツ[※7]（野心的意欲）」をぜひ発揮させたいものです。新しく成長分野（業務）をつくって生産性を上げ、「勤め先」企業を変えてやるという意気込みです。

ところで、管理職に向くのかどうか、ゼネラリストとして上位を目指すべきタイプかどうかの適性（必要条件）も、実際にあると思います。筆者の40年余の「勤め人《つとびと》」経験からの正直な結論です。次章でも述べますが、本来管理職は、組織の成長・発展のために、部下をいかにどう育てるかに重点を置くことが使命だと思っています。いわゆる「部下をダメにしてしまう」パワハラ上司などは問題外です。そして、そもそも性格的に管

※7　アニマル・スピリッツ…経済学者J・M・ケインズ（1883〜1946）が1936年の著作『雇用・利子および貨幣の一般理論』で用いた用語。企業家の野心的な意欲や血気などを意味し、主観的で非合理的な行動が不確実な状況下における経済活動の原動力になる。

理職が不適格ではと思わざるを得ない「勤め人」がいますし、管理職になって、人格が豹変する「勤め人」もいます。権力を持つと、その職位が偉いのであって、自分が偉くなったと勘違いしてしまうのです。いずれにしても、「管理職教育」（十分条件）を強化して、一流の管理職を育成していくことが、ますます重要になってきます。マネジメント力に突出した管理職（プロ）の育成です。

司馬遼太郎（1923〜1996）は著書『明治という国家』の中で、明治維新で新政府樹立がうまくできたのは、江戸時代各藩の藩風に個性があったからだとし、特に一番の牽引役を務めた薩摩[※8]、長州、土佐、佐賀の四藩の強い特徴がしっかりとかみ合ったからだ、としています。「一点に突出した能力」が強みとなり、お互いが補完し合って全体を強固なものにしていったのです。私たちも組織を強くするため、立派な人間性の上に強い個性である「一点に突出した能力」というものを持たなければいけないのです。「どこを切っても金太郎飴」にだけはな

※8　四藩の特徴（気質）…薩摩は、物事の本質を押さえておおづかみに事を行う政治家や総司令官のタイプ。長州は、権力の操作が上手で官僚機構をつくって動かすタイプ。土佐は、官には長くおらず、野に下って自由民権運動をひろげるタイプ。佐賀は、

らないよう、「強い自分」をつくり上げましょう。

(4) 問題を発見し、果敢に挑戦しよう

脱工業化社会の到来と言われ、すでに半世紀ほどが過ぎます。問題を発見する能力が重要になっているにもかかわらず、いまだに、与えられた問題を処理する能力の養成に主力を注いでいます。変換に努めるものの、長期的な視点で根幹から正していくのではなく、弥縫策《びほうさく》ばかりです。加えて、問題に気付きながらも、あえて俎上《そじょう》に乗せず、「そのうち何とかなるだろう」と先送りする悪い傾向もあります。さらに、事態が収まればそこで満足し、それ以上はあえて挑戦しない性癖でもあります。いずれにせよ日本人は、危機意識に疎《うと》く、問題を発見する能力は劣っているようです。

それでは、問題を発見する能力を醸成するには、どうすれば良いのでしょうか。まず一つに、組織の構成員を同一の価値観にしないことです。一人ひとりの価値観が違うことを組織風土、

その中にあって、着実に物事をやっていく人材を新政府に提供するタイプ、がそれぞれに多いとのこと(『明治という国家』の該当箇所を筆者が要約)。

社風にするのです。価値観の違いを社風にすることとは、社風という概念からすると矛盾しているようですが、そうではありません。そもそも社風とは、共通の大きな土台であると考えます。問題の発見には、その土台の上に立つ人の多様性[※9]（「ダイバーシティ」）が大事なのです。価値観が違う構成員が、違う角度・視点から事象を捉えるのです。そして、国籍、性別、年齢などが多様化していけば、さらに緊張感が生まれ、問題発見能力は高まるはずです。

二つ目は、学歴エリートの考えを常に正しいと思わないことです。偏差値上位校の卒業であると、「ハロー効果」[※10]が働いて、彼ら彼女らの発言が正しい、素晴らしいと思ってしまいがちです。彼ら彼女らは、問題を早く正確に解ける能力に優れるものの、問題発見能力は疎いかもしれません。

三つ目は、素朴な質問を軽視しないことです。例えば日常で、幼児の質問が核心を突くケースが多く、大人たちがその答えに窮し、そこから問題を発見することがあります。よって、組織内では「心理的安全性」[※11]を大事にして、恥ずかしがらずに何で

※9　多様性（ダイバーシティ）…さまざまな違い（特性）を持った人々が、組織や集団において共存している状態をいう。この言葉は、移民を含めて多様な民族が住む米国で生まれ、日本では2010年以降注目されるようになった。

※10　ハロー効果…「勤め人」を評価する際に、その一部の目立つ特徴に引きずられ、その他の項目を歪めて評価してしまうこと。ポジティブとネガティブの両方がある。ポジティブに評価されると、「あいつは何をやらせてもダメだ」となってしまう。

も言える雰囲気をつくらなければいけません。

また、仕事の合間での雑談も捨てたものではありません。ムダと思えることが、結構有益になるのです。筆者自身も、ムダ話から新しい発想や難題の解決策、そして問題の発見をした経験が何度かあります。パソコンに向かって、ひとり自分の仕事に没入することは大事ですが、「ワイガヤ」の雑談（たまには愚痴を言い合う「飲み会」）の効能を無視しないでほしいと思っています。

これからは、「学歴社会」での真面目一点張りの優等生は、求められないかもしれません。素朴な質問やムダと思える雑談や「遊び」が、問題発見のキーになる可能性が大きいのです。常に現状に疑問を抱き、今までの「模範解答」とは違う答えを導出する快感を味わいたいものです。新しいことを発見したり、新しいものをつくるとき、最初は周囲に相手にされず、評価されない例が、過去にはいくらでもあります。価値観がそれまでとは、あるいは周囲とは全く違っているからです。しかしそれを恐れず、組織の成長・発展に資する発想（問題発見）ができ

※11　心理的安全性…組織やチームなどにおいて、自分の意見や気持ちをだれもが安心して表現できる状態をいう。ハーバード大のＡ・Ｃ・エドモンドソン（１９５９〜）が１９９９年の発表論文で提唱。

るようにしていきたいものです。

「勤め先」企業など組織には、「提案制度」などの仕組みがあると思います。組織の成長・発展を願って、業務の改善などを提案する制度です。立派な改善案は表彰され、早速実現に向けて行動に移されます。しかし、経営に関する提案については、現状を非難する内容もあり得ることから、なかなかしづらいと思われます。よって、提案者を実名ではなく、匿名も「可」とすれば、忌憚《きたん》なく意見が言えるのではないでしょうか。「こんな提案を誰がしたのだ！」と、せっかくの意見に対して、犯人捜しのような事態が生じては本末転倒です。誹謗中傷《ひぼうちゅうしょう》的なものは厳禁でしょうが、「勤め先」企業の成長・発展に資する熱い思いが提案できれば、組織の問題発見能力も増すというものです。しかし究極は、匿名でなく実名で「上《うえ》」に意見が言える組織にしていきたいものです。「提案制度」がまだなければ、提案して仕組みをつくってもらうことになります。

「勤め先」企業の成長・発展を願って、全力を尽くして働くことは素晴らしいことです。しかし、滅私奉公で仕えることとは違います。自分自身も同時に成長し、しあわせにならなければいけません。そして、そこで働くことに誇りを感じることができれば、「エンゲージメント」が高まり、「愛社精神」が生まれます。しかし、「愛社精神」を「忠誠心」と履き違え、その対象が「勤め先」企業であればまだしも、社長など「上」を「忠誠心」の対象にしてしまうケースが稀にあります。組織の成長・発展のためではなく、「上」のために忠誠を尽くして働くという過《あやま》ちです。上位の職位に引き上げられると、その傾向が強くなるようですから注意が必要です。

そして、「上」の経営者としての行為が「よろしくない」場合には、「愛社精神」を持って、それを諫《いさ》めなければいけません。職位が上位になればなるほど責任は重くなりますから、最悪の事態にはその状況を憂い、諫言《かんげん》するという行動をとらなければいけません。「上」のためにではなく、組織のために働くのですから、当然の行為です。実際に江戸時代には、「主君『押込め』」[※12]

※12　主君「押込め」…特に

という慣行があったということです。重臣たちが自分たちの主君を覚悟で諫めたのです。自藩を守ること、存続させることこそが優先だったのです。よって、現代の「提案制度」ではありませんが、「上」に対して「何でも物申せる」社風、組織風土にしていかなければいけません。問題（不正の温床を含む）を発見したなら、その解決に果敢に挑戦していきましょう。

江戸時代の幕藩体制において、悪行の藩主を、家老らの合議による決定でまずは諫言し、それでも改心しない場合に強制的に監禁し反省を促す行為。領地の没収や削減、領地替えを回避するための命懸けの行動であった。

第6章　こんな管理職（上司）になってほしい

組織を成長・発展させる、本当の管理職とは

(1) 部下に「任せてみる」

日本企業の強みに、OJT (On the Job Training) による「人」の育成があります。上司や先輩が、部下や後輩に仕事をやらせて、その都度その場で指導し習得してもらうやり方です。コミュニケーションを図りながら、受ける側のレベルに合わせ、時間をかけて行う方法です。机上で学ぶよりも、実地にやって覚えるわけですから、能力として着実に身に付くことになります。一方で、そこで得たものは、その企業でしか役立たない特殊な能力であると言われますが、机上で習得する上辺の知識とは違い、応用が利く知恵であると、筆者は思っています。さらに、指導力が問われますから、教える側は普段から知識や技能のレベルを高め続けなくてはいけません。教え方や内容もアップデートしていかなくてはなりません。教える側(アウトプッ

ト）と教わる側（インプット）が相互に高め合う、相乗効果による「能力開発」法だと思います。金額では単純に計算できない、極めて効果が大きい「教育投資」です。

ところで「能力開発」は、実践的な経験を通じた場合が一番効果的で、ほかの方法と比べ圧倒的に優位だそうです。これは、米国のロミンガー社による調査に基づく知見（「ロミンガーの法則」[※1]）です。机上での学びや上司からの教示（薫陶）なども大事であることに違いはありませんが、実際に業務を通じて習得する知識は、応用可能な知恵となっていくからなのでしょう。ＯＪＴを通じてその都度実践的に教え込むことや、新しい仕事を任せてみて、失敗も経験しながら覚えることが極めて効果的であるということです。

まさしく、部下に「任せてみる」ということはＯＪＴの一貫だと言えます。部下の方から「この仕事をやらせてください。挑戦させてください」と言ってくれれば良いのですが、そうでない場合には、上司は部下の能力を見て、どの仕事に挑戦しても

※1　ロミンガーの法則…米国ロミンガー社が調査結果をもとに提唱した、リーダーシップを学ぶのに効果的な要素比率を示す法則。「70：20：10の法則」と言い、70％が業務経験、20％が薫陶（他者からの感化）、10％が学習・研修から得られる。実践と経験を通じた学習が最も重要で、最も効果的であるという内容。

らうかを選別（「ストレッチ・アサインメント」[※2]）することになります。しかし今、管理職（上司）はあれもこれもやらなければならなくなっています。そして、成果を急がれるので、簡単な仕事ならまだしも、教えることに手間を要するものは、部下に任せることをためらってしまいます。自分でやった方が早く、しかも無難に仕上がると考えてしまいます。それでは、いつまで経っても部下は成長しませんし、上司は忙しいままです。結局、いつまでも悪循環が続くことになります。

　しかし、そのような状態では組織は強くなるはずがありません。管理職（上司）は、本来の職責を考えるならば、自分自身のプレーイング部分を少なくし、マネジメントに重点を置かなければいけないのです。プレーイング部分を減らすには、自分の業務を不安がらずに部下にチャレンジさせてみることです。どんどんとキャリアアップをしていきたい部下である皆さんにしてみても、難度の高い仕事を少しでも多く任されることは、その意向に沿う効果的な実践策になるはずです。一方、それに併せて部下の側ではキャパオーバーにならぬよう、それまで

※2　ストレッチ・アサインメント…「勤め人《びと》」の潜在能力を最大限に引き出すために、顕在能力（実力）以上の仕事や課題を与えること。

やっている仕事を見直すことが求められます。減らせないかどうかの検討です。そして、任せる経験を積むことで管理職（上司）は、「誰にどの仕事を、どの程度任せるか」という「アサインマネジメント」[※3]力がレベルアップしていくのです。仕事を任せるにしても、部下の能力や許容量を正しく把握できていないといけません。複数の部下に対して、公平に振り分けないと不平・不満につながります。よって、普段から部下とのコミュニケーションは必須であり、「1ON1」[※4]ミーティングなど、こまめな個別ヒアリングが必要になってきます。

皆さんはアンケートなどで、あまり管理職（上司）にはなりたくないと、答えています。責任を伴う、割に合わない過重な負担が、その理由の1つだといいます。負担が軽減できるならば、トータルで「ワークライフバランス」[※5]もかなえられるわけですから、部下に「任せてみる」管理職（上司）になって、業務軽減を自ら推進しようではありませんか。最初は手間のかかる厄介な作業になるかもしれませんが、それを乗り越えて、ど

※3　アサインマネジメント…一人ひとりの「勤め人」対して、管理職（上司）が行う仕事の振り分けのこと。

※4　「1ON1」ミーティング…上司と部下が1対1で定期的に行い、幅広い内容について話し合うことで、部下の自発的な成長を促すマネジメント手法。

※5　ワークライフバランス…出産・育児・介護・趣味・地域活動などの生活全般と労働との調和をはかり、双方を充実させる働き方。（『新明解』）

んどん任せる仕組みをつくることです。その仕組みが組織にしっかりと組み込まれれば、皆さんが管理職（上司）に就いたときに、本来求められているマネジメント業務に専心できるようになるはずです。

（2）チームの結果に「責任を持つ」

日本では主に、業務を役割分担し、最終的にはチームで目標を完遂させる形をとっています。「メンバーシップ型」の雇用がそのベースにあります。管理職である上司は、チームの統率者であり、部下の業務のすべてに責任を持たなければいけません。能力や経験に合わせて業務を分担し、個々が最高のパフォーマンスを発揮するように指導していく責任者です。そして、チームの結果には「責任を持つ」立場です。なお、前述したとおり、仕事の振り分けについては、部下の力量と負担度合いをしっかり見て行わないと、不平不満などが生じてパフォーマンスを下げる危険があります。よって、くれぐれも要注意です。業務の内容（分野）によっては、若年者の方が優れている場合がありますから、年功にとらわれない分担も必要です。

そして、ヒト・モノ・カネ・情報が潤沢に与えられるわけではありませんから、限られた経営資源をいかに効率よく、効果的に使うかは管理職（上司）の「腕の見せどころ」になります。時間管理も、部下を疲弊させないよう、限られた時間内で成果を上げるようにしなければなりません。スポーツ、例えば野球を例にとれば、どのポジションに誰を起用するか、打順をどう決めるか、対戦チームや対戦投手によっても起用が違ってくるでしょうから、戦略的な思考が求められます。そして、いったん起用したら、しっかり指導をしながら続けて任せる我慢強さ（信頼）も大事です。限られた経営資源を使って、最高の成果を上げる責任者であるのです。

そこで、チームが上げた成果を自分ひとりの手柄にし、失敗はすべて部下の能力のなさや頑張りの欠如のせいにして叱責するようでは、不見識もはなはだしいことになります。また途中で、いわゆる「梯子《はしご》をはずす」などということは、上司として最悪の行為（醜態）です。チームは信頼関係で成り立っています。上司を信頼できて初めて、部下は一生懸命に働くことになります。信頼されるためには、「最後に責任は私がとるからやってみろ」という度量の大きさが絶対条件です。

まさか「下《した》」を踏み台にして「上《うえ》」に昇ろうなどとは考えていないと思いますが、いわゆる「上」ばかりを見て、「下」を見ない管理職には絶対になってはいけないということです。「上」にはイエスマンで忠誠を通し、「下」に対してはパワハラまがいの行為をする管理職のことです。「下」を自分の私有物であるかように勘違いし、「上」には隷属を旨として巧妙に仕える管理職です。くれぐれも、そのような管理職にはならないようお願いします。それは、健全な組織運営に対する背任的な行為です。ともあれ、部下が生き生きと働く、「エンゲージメント」が高まる組織づくりに全力を尽くしてください。

チームプレーの競技大会でのインタビューで、優勝監督が、「勝因は、選手一人ひとりが最後まで諦めないで頑張ってくれたからです」と言い、負けた方は、「敗因は、私の采配が悪かったからです」とコメントします。そして、どちらの監督も、「普段からの練習の結果がそうさせた」と必ず言います。メンバー一人ひとりを強くたくましく育てて、勝ち残るチームをつくるのは、監督（指導者）の責務なのです。まさに、筆者はそのとおりだと思いますが、皆さんはいかがでしょうか。

(3)「心理的安全性」を備える

「なんでも言ってこい」という度量の大きい、寛大な態度は、「平《ひら》」時代の経験の豊富さに左右されると思います。机上で得た上級の知識より、実地に経験して得たものの方が知恵として残り、応用が利く能力になります。「挑戦しなければ成功なし」と果敢に挑み、失敗も体験しながら、大きな成功を手繰《たぐ》り寄せてほしいと思います。その積み重ねが度量の大きさ、寛大さにつながります。さらに、失敗体験から、どこまでやると危険か、どこまでなら許されるか、身をもって知ることが大変役に立ちます。無難に正解を導く能力よりも、課題を見つけるとともに、今までとは違う解法を試みることも大事です。解法を増やすことで度量が生まれます。「平《ひら》」時代の無駄と思えること、いわゆる「遊び」も解法を増やす下地になってくるはずです。「タイパ」や「コスパ」を重視する効率一辺倒ではなく、いろいろな経験を積み重ねてほしいと思います。ときには「寄り道」するのも大事です。

そして部下は、甘えてばかりではいけませんが、困ったときに悩みや迷いを上司に聞いてもらえるだけでやる気が出て、元気が蘇ってきます。日本人は、だれをも平等に、温かく包み込んで元気にする「母性原理」[※6]で主に育てられるといいます。また、何度も言うように、世間や周囲の目を気にする国民性です。自分のホンネを言うことには、変に思われたり、笑われるのではないかと、恐怖心やためらいがあります。よって、「何でも言ってこい」という上司や周囲の包容力ある態度は、そんな気持ちを打ち砕く大きな効果があると思われます。特に会議などのときに何でも言えることは、ブレーンストーミング[※7]的な効果も出

※6　母性原理…温かく包み込むことで心の支えになるが、一方で過保護になり成長を妨げてしまう。欧米は、父性原理で突き放す育て方が主体なので、ほめることが効果を増す。心理学者河合隼雄（1918〜2007）が提唱。

て、議題の核心を突く素晴らしい結論になったりすると思います。

筆者も、40年余の「勤《つと》め人《びと》」経験で、上司が「心理的安全性」を前面にして部下と向き合ってくれたときに一番生き生きと働けたことを憶えています。そのときはチーム内で、活発にいろいろな意見が出て、個々に「エンゲージメント」が高まり、業績伸長も大きかったという記憶です。上司が、そういう雰囲気をつくってくれたからです。部下が生き生きと働けるかどうかは、管理職である上司の「場づくり」にかかっているのです。

一方で、ゆとりがなく忙しく仕事をする上司の下では、チームの雰囲気が良くなかった記憶です。管理職である上司は、プレーヤー一点張りで一生懸命に働いてはいけないということになります。上司が働き過ぎると部下は、「サボっていると思われたくない」とそれ以上に頑張ってしまいます。いわゆる「うその勤勉」をして、生産性を考えないムダな動きを増やしてしまいます。よって、「上《うえ》」からの評価を良くしたいと頑張り過

※7　ブレーンストーミング…会議などで、他の参加者がその都度批評などしないことを条件に、全員が思いつくままに意見（アイデア）を出し合って結論を導く発想法。

ぎる上司は、管理職としては有能ではないということになります。時間的な余裕をつくり、部下の動きをしっかり見守ってやることが大事です。さらに、部下の日々の表情を観察して、良いときも悪いときも声をかけてやるようにしたいものです。特に悩んでいそうなときには、必ず声をかけてやるようにすることです。あってはならぬことですが、こういう日々の行為が部下の不正などコンプライアンス違反の抑止力にもつながるのです。

管理職である上司は、「上」からの評価を気にして頑張ってはいけないのです。良く見られようと、「うその勤勉」をしてはいけないのです。時間的な余裕をつくることに専心して、部下の動きや表情をしっかり見てやることです。「人間観察力」を備えることが必要です。それこそが結果として、チームの生産性を向上させ、業績進展につながっていくのです。ぜひ、そういう管理職（上司）になっていただきたいと思います。

（4）公正な「評価者」に留まらず、「教育者」になる

管理職（上司）として、任されたチームの業績を伸ばすことは当然大事です。しかしそれよりも、リーダーになって組織の成長・発展に貢献できる優秀な部下を何人育成するかの方が、さらに重要であると考えます。組織は、順送りで「人」が育ち、育った「人」が次の「人」を育てていく仕組みで成り立っています。順送りの中で、次元の高い能力を持つ「人」を育てていくのです。部下が自分より高い能力を習得してくれれば、管理職である上司は、重要な役割責任の一つを果たしたことになります。人事には転勤制度がありますから、引継ぎをしながら、組織全体で「人」を育てていくことになります。

管理職研修で「管理職とはどうあるべきか」を習得し、その中でも「評価者訓練」は重要です。部下の特性をしっかり見極める能力が養成されます。「目利き力」を十分に備え、潜在する優れた能力が顕在化するように、部下を指導していかなければ

ばいけません。もちろん、評価に私情が入り込むようでは、管理職失格です。「上《うえ》」を見てこびを売り、上手に擦り寄ってくる部下がいるかもしれませんから、要注意です。見誤れば、先々になって、「いつ誰が、彼（彼女）に良い点数をつけたのか」と、その時の評価者の能力が疑われ、非難を受けることになります。

そして管理職が、役割として最も重要な「教育者」になるためには、「コーチング能力」[※8]を身に付けなければなりません。その中でも、正しい「叱り方の技術」を習得することが必須です。ほめることも効果があって、一時的にモチベーションを高めますが、その人の能力を向上させるには、しっかり親身になって叱ることの方が大事だと、筆者は思っています。そして、叱られたことで叱り方が体得できます。叱られた経験があまりない皆さんは、まずは叱られる経験を怖がらずに積んでほしいと思います。十分に「コーチング能力」を身に付けて、立派な「教育者」になってください。

さらに、「叱り方の技術」を習得することで、パワーハラスメントが回避できると確信します。叱られたことがない、叱る

※8　コーチング能力…受ける側自らが課題解決できるように、対話などを通じて支援する技術を言う。コーチが答えを提供（ティーチング）するのではなく、本人が自分で答えを見つけるためにサポートすることである。

程度を知らない人が叱るから、パワハラをしてしまうのです。今からでも遅くありません。どんどん新しいことに挑戦して、失敗して叱られてください。もちろん、失敗しない方が良いに決まっていますが、新しいことを覚えるには、残念ながら失敗は付きものです。

管理職になったなら（今すでに管理職なら）、将来組織に貢献する部下をぜひ一人でも多く育ててください。それこそが、管理職の「ミッション（使命）」です。「平《ひら》」時代の多様な経験の積み重ねが、「評価者」として、さらには「教育者」としての能力アップに生きるのです。今のうちにどんどん挑戦して、数多くの経験を積んでいきましょう。そして後々に、「あの人の下で働いて、いろいろしっかりと教えていただいた。今の自分があるのは、あの人のおかげだ」と言われる管理職（上司）になってもらいたいと思います。

40年余の「勤め人《つとびと》」人生で、当然筆者にも「あの人のおかげ」と感謝申し上げる上司や先輩が何名かおられます。厳しくかつ親身にご指導をいただいた方々です。一方で、筆者をそのように思ってくれる部下や後輩がいるかどうか、心もとなさを感じます。日常の繁忙を言い訳に、優秀な「教育者」にはなれなかったと、猛省しています。ぜひ皆さんは、管理職（上司）になったなら、次を担う「人」を一人でも多く育てるよう、頑張ってほしいと思います。

それにもかかわらず今は、この大切なことをなおざりにしています。従来の、日本の雇用システムをベースにした、ＯＪＴ主体の「能力開発」の方法に自信を持ち、しっかりと進めていただきたいと思います。目先の成果を優先してしまい、先にならなければ結果が表れない、この「教育投資」を愚直に推進しようではありませんか。目に見えて、すぐに成果に表れないかもしれません。だからこそ、しっかりと腰を据えて取り組まなければならないのだと思います。

管理職の人たちに何が一番大事かと質問すれば、「『人』の育成こそ大事だ！」と皆が口を揃えて言い切ります。それでは実態はどうかと確かめると、「忙しくてできていない」と返答します。つまり、すぐに結果が出ない仕事は、進んでしないのが実情のようです。「人」の育成（人的投資）は、設備投資などよりも将来の生産性に及ぼす効果が大きいにもかかわらず、後回しにしています。すぐには評価されない仕事が、組織にとって一番重要であることを今一度認識したいものです。これこそが、管理職にとって最大にして最優先の仕事だと思います。「勤め人」が育つことで、「勤め先」企業は成長・発展していくのです。日本の組織の最大の強みは、その成長・発展の中に「人」を育てるという仕組みが組み込まれていることなのです。忙しいからと言って、その強みを自ら放棄するようでは話になりません。

終章　あなたが先導してつくる「しあわせな働き方」

「しあわせな働き方」こそが、生産性を上げる

勤めていてしあわせが実感できるときは、任された仕事に働きがいを感じて一段と熱意が湧き、組織への愛着を覚えるときです。それは、「エンゲージメント」が高い状態であり、生産性が向上しているときです。一人でも多くの「勤め人《つとびと》」がその域に達することで、「勤め先」企業は好業績を成就させることができます。好循環のサイクルが、「エンゲージメント」を高くし、生産性をさらに向上させるのです。この好循環のサイクルを最初に回すのは誰でしょうか。「上《うえ》」から、あの手この手で仕掛けても、決して長続きはしないのです。それは、主役である「勤め人」一人ひとりの意識改革にかかっているのです。そのためには、本書で筆者が述べてきたことを信じて、着実に行ってみてください。40年余の「勤め人」経験に裏付けされた、筆者の「しあわせな働き方」を招く結論ということになります。

本来、日本人にとって、(1)周囲に「合わせない」、(2)上司に「遠慮しない」、(3)評価を「気にしない」という組織における三つの行動について、完全な履行が無理であることを筆者は十分に承知しています。国民性から考えて、完遂することは無理だと思っています。とはいうものの、今の日本人が、この三つ行為の履行を完全に忘れかけていることに、危機感を覚え、警鐘を鳴らすのです。そして、長年の「勤め人」経験から、そのことが「エンゲージメント」を低下させ、労働生産性を低迷させる元凶であると捉えるのです。その根源は、日本人に本来備わっていたはずの精神性がなくなってきたのだということです。他人からどう見られようが「自分は自分だ」という強い信念、すなわち「気骨」というものを忘れてしまっているのです。これは短絡的に聞こえるかもしれませんが、実は的を射る大変重要なことだと思っています。

本来備わっていたはずの精神性を取り戻すには、皆さん一人ひとりがそれぞれの立場で、その先導役になっていかなくてはいけません。そして、発言力や影響力をより強くするためには、昇進して上位の職位に就かなければいけません。しかし、出世観[※1]を問えば「管理職になりたくない、社長になんかとんでもない」という回答が、今は多くなっているそうです。それでは、皆が「しあわせな働き方」をできるようにするための先導役は、果たして誰が担うのでしょう。待っていても、誰も「求めるもの」を届けてくれません。さらに、自分だけのしあわせを求めて、転職を繰り返す（「ジョブホッパー[※2]」）ようでは、独りしあわせを得られたとしても、周囲に波及し、全体もしあわせになる保証など全くありません。全体がしあわせになることは、巡り巡って自分がさらにしあわせになれるのです。組織の中で腰を据えて、「私が変えてやる、そして皆をしあわせにする」という覚悟と心意気が一人ひとりに必要なのです。

「しあわせな働き方」と企業業績には、強い「正の相関」があります。しかしそれは、あくまで「ワークライフバランス」もとれた、私生活も含めてのしあわせです。決して、私生活を

※1　出世観…「出世したい」か「出世したいと思わない」かについてのアンケートで、25～29歳は、前者が30・2％、後者が31・6％。30～34歳では同様に29・5％と31・8％。（パーソル総合研究所の2024年調査）

※2　ジョブホッパー…短期間に何度も、理想を求めて転職を繰り返す人。理想がすぐ近くにあるにもかかわらず、それを求め続ける「青い鳥症候群」（童話『青い鳥』に由来）の心理状態であるともいわれる。

犠牲にした、滅私奉公型のしあわせではありません。私生活を犠牲にしない、拘束されない働き方があって、初めて本当のしあわせになるのです。時間外勤務をせず、休暇も率先して取得し、法令順守も怠らず、ハラスメントも起こさないなど、皆がのびのびと活躍できる職場環境があってのことです。

そうしたうえで、「日本を強くする働き方」を取り戻すことが、急がれます。日本人の精神性を呼び戻す主役は、皆さん自身です。いよいよ、時代とともに脇役から主役への昇格です。今まででなら、周りがつくり出してくれる成果にただ乗りしていれば良かったかもしれません。しかし、もう「フリーライダー」[※3]にはなれません。誰かが用意してくれる「据え膳」で食事をとることはできないのです。自分たちが食材を仕入れ、それを調理して、皆に食べてもらう立場になったのです。将来を良い時代にするも、そうでない時代で終わらせるも、皆さんの頑張り次第なのです。「生産性が上がる働き方」、すなわち「しあわせな働き方」にするかどうかは、組織をこれから背負う皆さんの双肩にかかっているのです。

※3 フリーライダー…経済学で使われる用語。苦労せず、対価を支払うこともなく、利益（恩恵）を受けること。訳せば「ただ乗り」。

皆さんは、何のためにキャリアアップにこだわり、焦って急ぐのでしょうか。自分のためであろうことは十分に分かります。仲間や同級生たちに負けたくないという競争心からであることも分からないではありません。しかしそれらすべてが、「世のため人のため」に貢献するという、外向き志向につながっていないようではダメだと思います。一人ひとりは小さな存在かもしれませんが、ぜひ当事者意識を持ち、主役になって組織の古い仕組みや働き方を見直し、変えていってください。そのためには、覚悟と心意気で、本来あった日本人の精神性を取り戻していくしかないと思うのですが、いかがでしょうか。

それは、空腹を満たすために、勇敢に海に飛び込む「ファーストペンギン」の役目を担うということです。自分たちを餌食《えじき》にする外敵がいる海に、安全を確認して飛び込む最初の一匹になるのです。ペンギンの集団は、最初の一匹が飛び込むと群れは安心して、続けて次々と海へ飛び込んでいきます。皆さんが、その「ファーストペンギン」になっていただけるよう祈っています。どんどん親世代は老いていきます。よって、甘えてはいられない時代になります。親世代がいるうちに、早く主役になって舞台に上がり、「日本を強くする働き方」を取り戻し、「しあわせな働き方」を実現してほしいと切望します。

筆者が皆さんに伝えたい内容（エッセンス）を本書のまとめとして次頁に記載しました。ご確認ください。

まとめ（「勤《つと》め人《びと》」一人ひとりがすべきこと）

1．組織を強くし、皆がしあわせになる「行動の三原則」とは……

(1) 周囲に「合わせない」

(2) 上司に「遠慮しない」

(3) 評価を「気にしない」

2．現在勤務する組織内で、強い「個」になる

社内「転職力」を付け、自らが内部労働市場で「職種転換」、「社内起業」する

3．目先の自分だけの利益にこだわらない

皆が全体のしあわせを優先すると一人ひとりがしあわせになる

おわりに

経営学の中で、学術的に評価されている考え方に、心理学の「しろうと理論」[※1]があります。学術的には全く関わっていない縁遠い人が、長年にわたって実務で経験し体得した事柄が、立派な理論になっていることを言うのだそうです。筆者は、今の若者世代より半世紀近く前（1953年）に生まれた人間です。「しらけ世代」との呼び方で、一端《いっぱし》の文句は言うが、言う割りにはしらけて何もしないと、世間から揶揄《やゆ》された世代です。当時の若者論では、著名な評論家や学識経験者などから、筆者たちはこっぴどく批判されたのです。結構立派なこと、つまり正論を吐くだけに、それを行動に移さないから、そのご指摘は余計に厳しいのでしょう。

そのあと、企業という組織の一員として40年余を送り、いろいろな経験を積んできました。場数を踏んで「組織行動論」を実地で学んだことになります。良い上司といやな上司の下では

※1　しろうと理論…理論の内容については、服部泰宏著『組織行動論の考え方・使い方　第2版』の第3章に詳述されている。

モチベーションが全く違うこと、失敗して悔しい思いをしたこと、怠けたりして大叱責を受けたこと、そしてもちろん挑戦して成功に喜んだこともたくさんありました。机上で得た知識よりも、体験を通して身体にしみ込んだ知識が、自分自身にとり貴重な財産、「知恵」になっています。体験して得た「知恵」を座学で習得した経営学や社会心理学の知識で裏付けした持論が、この本の内容です。これこそが、経営学で評価される「しろうと理論」であり、立派な「組織行動論」であると思っています。「しらけ世代」の筆者らは、そもそも立派なことを言う（だけの）世代です。その世代が述べる「しろうと理論」は、決してまんざらでもないと自負しています。にわかの机上の理論よりも、はるかに優れているのではないでしょうか。その理論の実践を、組織をこれから背負っていく皆さんに、筆者自身の猛省を込めて、託す次第です。ご活躍を祈ります。

なおこの本は、筆者が実施したセミナー（令和5年10月～令和6年10月に6回開催）で話した内容を改めてまとめたものです。内容は、毎回終了後に参加者からご意見を伺い、反省点を踏まえながら順次進め、今の形になりました。すなわち、拙著『「勤め人」意識改革論　日本を強くする「働き方」を取り戻せ！』の続編ということになります。

そして上梓にあたり、前著に続きお世話になった岐阜新聞社読者局出版室の皆様に、改めて心より感謝申し上げます。

参考文献（著者名五十音順）

『これからの幸福について』　内田 由紀子　新曜社　２０２０年
『静かに退職する若者たち』　金間 大介　ＰＨＰ研究所　２０２４年
『すぐ忘れる日本人の精神構造史』　新谷 尚紀　さくら舎　２０２４年
『パワハラ上司を科学する』　津野 香奈美　筑摩書房　２０２３年
『性格スキル』　鶴 光太郎　祥伝社　２０１８年
『なぜ若手社員は「指示待ち」を選ぶのか？』　豊田 義博　ＰＨＰ研究所　２０１７年
『プア・ジャパン』　野口 悠紀雄　朝日新聞出版　２０２３年
『若者わからん！』　原田 曜平　ワニブックス　２０１８年
『ビジュアル 職場と仕事の法則図鑑』　堀 公俊　日経ＢＰ日本経済新聞出版本部　２０２０年
『「勤め人」意識改革論』　安田 直裕　岐阜新聞社　２０２３年
『活躍する若手社員をどう育てるか』　山内 佑平（編著）　慶應義塾大学出版会　２０２２年
『分断社会と若者の今』　吉川 徹　狭間 諒多朗 編　大阪大学出版会　２０１９年
『現代青年の意識と行動』　吉田 昇 ほか編　日本放送出版協会　１９７８年
『日本企業の社員は、なぜこんなにもモチベーションが低いのか？』　ロッシェル・カップ　クロスメディア・パブリッシング　２０１５年

安田 直裕（やすだ なおひろ）

1953年岐阜県生まれ。慶應義塾大学経済学部卒業。

地方金融機関に勤務し支店長や部長、そして関連会社の社長や監査役を経験。一方で経営学（組織行動論）、労働社会学、社会心理学などを独習。

40年余の実務経験と習得した理論を融合させ、「勤め人」のエンゲージメントを向上させる働き方を研究。令和５年に「Y's ラーニング事務所」（個人）を立ち上げ、「勤め人改革」アドバイザーとして活動。

令和５、６年度には岐阜市行財政改革推進会議委員を経験。現在、岐阜県生涯学習指導者、岐阜市地域活動情報システム「まなバンク」講師。一般社団法人福澤諭吉協会会員（平成４年～）。

著書に、『「勤め人」意識改革論　日本を強くする「働き方」を取り戻せ！』（岐阜新聞社）。

イラスト：ロヒオ・ナ・ダスヤ 氏

「しあわせ」組織行動論

これからを担う「勤《つと》め人《びと》」たちへ！

発　行　日　2025年4月16日
著　　　者　安田 直裕
発　　　行　岐阜新聞社
編集・制作　岐阜新聞社 読者局 出版室
〒500-8822　岐阜県岐阜市今沢町12
岐阜新聞社別館４Ｆ
TEL 058-264-1620（出版室直通）
印　　　刷　株式会社岐阜文芸社

※価格はカバーに表示してあります。
※落丁・乱丁本はお取り替えします。

ISBN978-4-87797-344-5